Thomas Söding

DAS MARKUSEVANGELIUM

EXEGESE UND PREDIGT

Thomas Söding

Das Markus-Evangelium

Anregungen zum Lesejahr B

echter

Die Deutsche Bibliothek – CIP-Einheitsaufnahme

Söding, Thomas:
Exegese und Predigt. Das Markusevangelium : Anregungen zum Lesejahr B / Thomas Söding. – Würzburg : Echter 2002
ISBN 3-429-02411-0

Umschlag: Peter Hellmund (Abbildung aus dem Book of Kells)
Druck und Bindung: Druckerei Lokay e.K., Reinheim
ISBN 3-429-02411-0

Inhaltsverzeichnis

Vorwort

Seit der Liturgiereform des Zweiten Vatikanischen Konzils sind die Evangelienlesungen des Sonntags in einem dreijährigen Zyklus geordnet. Jedes Jahr spielt einer der Synoptiker die Hauptrolle. Damit ist eine große Möglichkeit für die Predigt geschaffen: Gewiss darf man hoffen, im Spiegel jeder einzelnen Perikope – unabhängig davon, in welchem Evangelium sie steht – einen Blick auf Jesus werfen zu können. Aber es sind doch immer nur kleine Ausschnitte, die zum Vorschein kommen. Gesamt-Bilder vermitteln nur die Evangelien. Jedes hat seinen eigenen Standort und Blickwinkel; aber jedes erzählt auf seine Weise die ganze Geschichte des Wirkens, des Leidens und der Auferstehung Jesu.

Die Exegese hat gelernt, dass nicht nur Johannes, sondern auch die Synoptiker – Matthäus, Markus und Lukas – keineswegs nur zusammengestückelte Zufallsprodukte geschaffen haben. Sie geben vielmehr der Erinnerung an Jesus eine feste Form, die genug Spielraum für viele überraschende Details lässt, aber auch Zusammenhänge sichtbar macht, die zum Verständnis Jesu entscheidend sind. In einem Lesejahr den Sonntagsperikopen eines der Synoptiker zu folgen, enthält die Chance, das ins Gespräch zu bringen, was dieser eine Evangelist besonders deutlich an Jesus gesehen und geschätzt hat – so wie das folgende Lesejahr neue Akzente setzen wird. Immer geht es um den einen und ganzen Jesus; aber wer genau auf die Stimme jedes einzelnen Evangelisten hört und nie nur auf einen einzigen, wird nicht einen monotonen Einklang, sondern einen satten Drei- und Vierklang hören.

Markus hat das älteste Evangelium geschrieben. Damit kommt ihm eine Schlüsselstellung zu — nicht nur in der urchristlichen Theologiegeschichte, sondern auch in der

Christologie. Was immer später von Jesus gesagt, gedacht, erzählt wird – es ist entscheidend von Markus abhängig. Deshalb lohnt besonders die Aufmerksamkeit, welches Porträt der älteste Evangelist von Jesus gezeichnet hat. Das Lesejahr B, das sich an Markus orientiert, lässt sich in den Predigten als neue Einführung in die Geschichte Jesu und den Anfang des Christusglaubens gestalten. Dazu will das Büchlein ermuntern.
Es informiert über den exegetischen Diskussionsstand zum Markusevangelium, arbeitet seine wichtigsten theologischen Themen heraus und stellt Überlegungen an, wie sie in der gegenwärtigen Situation des Glaubens zum Gegenstand der Predigt werden können. Den Schluss bildet ein durchgehender Predigt-Plan zum Lesejahr B.
In verschiedenen Kursen mit Priestern und Diakonen, aber auch in Veranstaltungen für künftige Religionslehrerinnen und -lehrer ist das Buch entwickelt worden. Ich danke allen sehr, die in die Diskussionen einbezogen waren, besonders dem Regens des Münsteraner Priesterseminars, Wilfried Hagemann, der die Idee hatte, und Herrn Handwerk vom Echter Verlag.

Wuppertal, 7. März 2002 *Thomas Söding*

A. Das Geheimnis Jesu im Spiegel des Markusevangeliums

Das Markus-Evangelium ist das älteste Evangelium. Das sichert ihm einen unvergleichlichen Rang in der neutestamentlichen Theologiegeschichte: Der Evangelist Markus hat das Jesus-Bild der Kirche entscheidend geprägt.

Einerseits bewahrt sein Buch viele Erinnerungen an die Person, das Wirken und das Sterben Jesu auf. Das Evangelium erfüllt zwar nicht die Erwartungen, die ein heutiger Leser an eine historische Biographie richtet; das wäre ein Anachronismus. Aber ohne Markus hätte man keine Chance, sich ein halbwegs verlässliches Gesamtbild vom Wirken und vom Leiden Jesu zu machen. Keine heutige Jesus-Biographie, die man schreiben wollte, kommt ohne Markus aus.

Andererseits ist das Markusevangelium ein herausragendes Dokument neutestamentlicher Theologie. Der Evangelist verkündet die Messianität und Gottessohnschaft Jesu. Schon die Überschrift stellt dies fest (1,1 [2.Advent]):

Anfang des Evangeliums Jesu Christi, des Sohnes Gottes.

Markus bezeugt älteste Erinnerungen an die Auferweckung Jesu von den Toten, das leere Grab und die Erscheinungen in Galiläa (16,1–8 [Osternacht]).[1] Für ihn ist Jesus

- der Knecht Gottes, der sein Leben stellvertretend zur Rettung aller Menschen hingegeben hat (Mk 10,45 [29. S.i.Jk.]; 14,22-25 [Palmsonntag; Fronleichnam]),
- und der zur Rechten Gottes erhöhte Sohn Gottes (12,23ff), der zum Endgericht wiederkommen wird (14,61f [Palmsonntag]), wie er in der Fülle der Zeit gekommen ist, das Evangelium Gottes zu verkünden (Mk 1,14f [1. Fastensonntag; 3. S.i.Jk.]).

Beides, die geschichtliche Erinnerung an Jesus und seine Verkündigung als messianischer Gottessohn, den Gott gesandt, hingegeben und von den Toten auferweckt hat, kommt in der *Form* des Evangeliums zusammen. Diese Form hat Markus gefunden. Sie ist für die Kirche und ihr Gedächtnis Jesu Christi verbindlich geworden. Matthäus und Lukas haben sich ihrerseits an der Evangelien-Form des Markus orientiert. Vielleicht ist auch Johannes vom Markusevangelium beeinflusst.

Die Erzählform des Evangeliums bietet Platz für Berichte vom irdischen Wirken Jesu: von seinen Wundern und seinen Streitgesprächen, seinen Jüngerbelehrungen und Nachfolgeworten.

Die Erzählform des Evangeliums bietet aber auch Platz für die Leidensgeschichte Jesu, zu der bei Markus sehr früh alle Fäden hinlaufen.

Vor allem zeigt aber die Erzählform des Evangeliums, dass und wie Jesu Wirken und sein Leiden von innen heraus zusammengehören: nicht als Zufall, nicht als tragisches Schicksal, sondern als Ergebnis der Treue Jesu zu seiner Sendung. Und das Evangelium sagt, dass diese innere Einheit erst im Licht der Auferstehung Jesu in deutlichen Umrissen gesehen werden kann.

Freilich ist das Markusevangelium nicht das älteste Dokument des Neuen Testaments. Zeitlich früher liegen die Paulus-Briefe (50–55 n.Chr.). Sie sind für die Geschichte der urchristlichen Mission, für die Entstehung urchristlicher Gemeinden und für die theologische Reflexion des Christusglaubens von unschätzbarem Wert. Aber aus den Paulusbriefen lässt sich nur wenig über das Wirken und Leiden Jesu erfahren; alles ist auf den Kreuzestod und die Auferweckung konzentriert. Demgegenüber kennzeichnet es das Markusevangelium, beides zur Geltung zu bringen: sowohl das vollmächtige Wirken als auch das ohnmächtige Leiden bis zum Tod auf Golgotha, sowohl die irdische Sendung als auch die Auferstehung und die kommende Parusie Jesu.

Wenn die heutige Exegese nicht irrt, haben Matthäus und Lukas neben Markus eine zweite Quelle benutzt: die sog. »Redenquelle« oder »Logienquelle« (Q). Sie ist noch älter als Markus. Sie enthält eine Vielzahl von Worten und Reden Jesu, z.B. den Kernbestand der Bergpredigt. Viele meinen, in der Überlieferung der Redenquelle noch deutlicher das Echo der ureigenen Worte Jesu zu hören. In keinem Fall könnte man die »Rückfrage nach Jesus« ohne den Rückgang auf »Q« beantworten. Allerdings ist die Redenquelle kein Evangelium. Jesu Tod und Auferstehung werden in »Q« zwar hier und da *besprochen,* aber nicht *erzählt.* Anders formuliert: Nach der Redenquelle kündigt Jesus zwar an, dass er leiden wird, aber Markus erzählt, *wie* Jesus leidet. Die Leidensgeschichte Jesu wird in der Redenquelle vorausgesetzt, bei Markus wird sie – in gezielter Stilisierung – dargestellt.
Das Markusevangelium lädt zu einer christologischen Lektüre ein. Matthäus akzentuiert die Praxis der Nachfolge; dafür hat er die Bergpredigt (Mt 5–7) zusammengestellt. Lukas arbeitet den inneren Zusammenhang zwischen der Zeit Jesu und der Zeit der Kirche heraus; deshalb hat er nicht nur ein Evangelium, sondern auch die Apostelgeschichte geschrieben. Beide bauen auf dem auf, was Markus geleistet hat. Ziel des Markus ist es, die Christologie auf eine neue Basis zu stellen. Dafür steht das Stichwort »Anfang« (griechisch: *arche)* in der Überschrift des Evangeliums (1,1). Seine Sicht hat sich bis heute als verbindlich und verlässlich erwiesen.
In der Perspektive dieser christologischen Grund-Orientierung eröffnen sich große homiletische und religionspädagogische Chancen. So gewiss im Markusevangelium immer wieder Fragen der Umkehr und der Nachfolge, der Spiritualität und der Ethik zur Sprache kommen, so deutlich weist es doch auch darauf hin, dass sie nur von einer geklärten Christologie aus beantwortet werden können. Umgekehrt hat Markus seine Jesus-Geschichte von vorn-

herein so geschrieben, dass sie den Weg eines Glaubens bahnt, der das klare Bekenntnis zum »Gott Abrahams und Gott Isaaks und Gott Jakobs« (12,26) mit dem Bekenntnis der Gottessohnschaft Jesu (15,39 [Palmsonntag]) verbindet, aber deshalb auch das Bekenntnis zum Gottessohn mit dem rettenden Glaubensvertrauen auf die gegenwärtige Nähe und die künftige Vollendung der Gottesherrschaft durch Jesus (1,15 [1. Fastensonntag; 3. S.i.Jk.]). Nach 4,11f sagt Jesus den Jüngern, die ihn nach dem Sinn seiner Gleichnisse fragen:

Euch ist das Geheimnis der Gottesherrschaft gegeben.

Dieses Geheimnis zu beschreiben ist das Ziel des Markusevangeliums. Es ist das Geheimnis Jesu, des Sohnes Gottes, der für Gottes Herrschaft lebt und stirbt.

B. Informationen zur Exegese

Markus treibt Theologie in der Weise der Erzählung. Das muss bei der Auslegung wie bei der Predigt berücksichtigt werden. Die Sprache ist meist einfach – und gerade deshalb besonders aussagekräftig. Der Evangelist nutzt die großen theologischen Möglichkeiten einfachen Erzählens: Er lässt die Gestalt Jesu in typischen Szenen lebendig werden. Er umgibt Jesus mit einer Vielzahl von Figuren, die für die Leser Identifikationsmöglichkeiten schaffen. Auf diese Weise spricht das Evangelium nicht nur ihren Verstand, sondern auch ihr Herz an. Es stiftet eine lebendige Erinnerung an Jesus und vergegenwärtigt den Zuspruch wie den Anspruch des Evangeliums.
Das Markusevangelium für heute zu erschließen setzt freilich voraus, es aus seiner eigenen Zeit heraus zu verstehen.

1. Die Zeit des Evangelisten

Dass es zur Abfassung des Markusevangeliums kam, brauchte seine Zeit; dass Markus sein Werk schrieb, war aber auch an der Zeit.

1.1. Die Priorität des Markusevangeliums

Die kirchliche Tradition rechnet seit dem 3. Jahrhundert damit, dass Matthäus das älteste Evangelium sei. In allen bekannten Kanon-Listen steht es am Anfang. (Deshalb eröffnet es auch die Reihe der Lesejahre.) Ob diese Spitzen-Stellung Grund oder Folge für die Annahme der zeitlichen Priorität war, ist nicht ganz klar. Die sehr hohe Wertschätzung des Matthäus in der Alten Kirche hängt jedenfalls damit zusammen, dass man in diesem Evangelisten – im Gegensatz zu Markus – einen Apostel Jesu sah und überdies aus seinem Werk einen umfassenderen Überblick über das Wirken und Leiden zu gewinnen glaubte.

Die neuere Exegese katholischer wie evangelischer Konfession urteilt über die historischen Verhältnisse anders. Zum einen bezweifelt sie die apostolische Verfasserschaft des Matthäusevangeliums.[2] Zum anderen geht sie (nahezu) durchweg von der zeitlichen Priorität des Markusevangeliums aus: Sowohl Matthäus als auch Lukas haben es als Vorlage benutzt und durch weiteren Stoff, vor allem aus der Redenquelle (Q) und mancherlei Sondergut, ergänzt.[3] Die Gründe für die Kritik an der traditionellen Ansicht sind aus Beobachtungen am Text gewonnen, die literatur- und geschichtswissenschaftliche Methoden voraussetzen, wie sie auch in der katholischen Exegese längst heimisch geworden und offiziell anerkannt sind.[4] Die wichtigste Beobachtung: Der Stoff des Markusevangeliums taucht im Wesentlichen bei Matthäus, aber auch bei Lukas wieder auf. Die Gemeinsamkeiten sind so groß, dass eine literarische Abhängigkeit angenommen werden muss. Worin besteht sie? Hat Markus den Matthäustext gekannt und gekürzt? Das wäre die Konsequenz der traditionellen Auffassung. Aber weshalb sollte Markus die Bergpredigt (Mt 5–7) mit dem Vaterunser (Mt 6,9–13) übersprungen, weshalb sollte er die Kindheitsgeschichte ausgelassen, weshalb die österliche Erscheinung Jesu auf dem Berg in Galiläa (Mt 28,16–20) weggebrochen haben? An Erklärungsversuchen mag es nicht fehlen, aber sie wirken verkrampft. Viel einfacher ist der umgekehrte Vorgang zu erklären: Matthäus und Lukas haben Markus gekannt und als Quelle benutzt, sind aber nicht nur von ihm abhängig. Sie haben weiteres Material aus anderen Räumen der Jesustradition kennengelernt und es in ihre Bücher eingebaut (vgl. Lk 1,1–4). Gewiss: Weder bei Matthäus noch bei Lukas findet sich der komplette Markus-Text. Aber das pflegt bei kritischer und gezielter Quellenbenutzung so zu sein, dass nicht unbesehen alles abgeschrieben wird. Die Erklärungsprobleme bei Annahme der Markuspriorität sind jedenfalls deutlich geringer.

Eine zweite Beobachtung kommt hinzu: Matthäus und Lukas sind einander dann besonders nahe, wenn sie Gemeinsamkeiten mit Markus aufweisen. Sie gehen zwar auch über Markus hinaus auf einigen Strecken parallel; das erklärt sich die Exegese mit der gemeinsamen Benutzung der Redenquelle (Q). Aber wenn ein Text in den synoptischen Evangelien dreifach bezeugt ist, sind die jeweiligen Gemeinsamkeiten am relativ größten: sowohl im Wortlaut als auch in der jeweiligen Stellung innerhalb des Evangeliums.

1.2 Die Entstehungszeit des Markusevangeliums

Die Entstehungszeit der Evangelien zu berechnen ist ein Puzzlespiel, das ohne Mut zur Lücke nicht gespielt werden kann. Im Falle des Markus kommt man zu vergleichsweise großer Sicherheit, weil das Zeugnis der Kirchenväter ziemlich genau mit den Wahrscheinlichkeitsurteilen zusammenstimmt, die von der Exegese aufgrund ihrer Textbeobachtungen gefällt werden können.

Irenäus zufolge (Adv Haer III 1) ist das Markusevangelium nach dem Tode des Petrus geschrieben. Zumeist wird mit gutem Grund angenommen, dass Petrus unter Nero das Martyrium erlitten hat, also etwa Mitte der 60er Jahre. Danach wäre das Markusevangelium nach 65 n. Chr. geschrieben worden. Dies ist in der ganzen Väterzeit die herrschende Meinung.

Die historisch-kritische Exegese kommt zu einem ähnlichen Resultat. Sie sieht hinreichend sichere Anhaltspunkte dafür, dass Markus sein Werk unter dem Eindruck des Jüdischen Krieges verfasst hat. Es handelt sich um einen

Aufstand gegen die Römer, den in den Jahren 66–70 jüdische Zeloten in einer Art Guerillakrieg bis zum bitteren Ende durchgeführt haben. Er endet mit der blutigen Niederschlagung der Revolte und der Zerstörung Jerusalems wie des Tempels durch die römischen Truppen unter Vespasian und Titus. (Der Titusbogen in Rom erzählt die Kriegsgeschichte aus römischer Perspektive.)
Zur Begründung für die Datierung in diese Kriegszeit wird auf Mk 13, die eschatologische Mahnrede Jesu über die Endzeit, verwiesen. Sie bewahrt die Prophetie Jesu über die Zerstörung des Jerusalemer Tempels auf (Mk 13,1f). Sie verbindet diese Voraussage, die sich schrecklicherweise im Jahre 70 bestätigt hat, mit allerlei prophetischen Prognosen Jesu über kriegerische Wirren im Heiligen Land (13,7). Entscheidend ist, dass der Evangelist in diesem Zusammenhang an einer Stelle den Leser direkt anredet (13,14):

Der Leser verstehe!

Nimmt man diese Indizien zusammen, liegt das Urteil nahe, Mk 13 sei ein aktueller Text, direkt auf die Zeit-Umstände des Jüdischen Krieges bezogen.
Im Weiteren kann man streiten, ob das Markusevangelium (das nicht über Nacht entstanden sein wird) kurz vor dem Krieg oder während des Krieges oder kurz danach geschrieben worden ist. Das bleibt unsicher. Mit der Auskunft, dass es um 70 n.Chr geschrieben worden ist, wird man sich begnügen müssen. Für das geschichtliche Verstehen des Markusevangeliums bleiben die Unterschiede gering.
Die übliche Datierung ist allerdings jüngst mit großem publizistischen Aufwand in Zweifel gezogen worden[5]: Angeblich habe man in Qumran ein Fragment des Markusevangeliums gefunden, das aus den 40er Jahren stamme, wie eine Untersuchung des beschriebenen Papyrus ergeben habe. Diese These hält allerdings einer nüchternen Prüfung nicht stand. Das Alter des Papyrus-Schnipsels ist

zwar korrekt bestimmt, aber der beschriebene Text (von dem nur wenige Buchstaben erhalten sind – als einziges vollständiges Wort ein griechisches »und«) stammt nicht aus dem Markusevangelium. Es bleibt also bei der Datierung der Kirchenväter und der historisch-kritischen Präzisierung um 70 n. Chr.

1.3 Das Markusevangelium im Übergang zur nachapostolischen Zeit

Die Entstehung des Markusevangeliums um 70 n.Chr. ist kein Zufall, sondern eine stimmige Antwort auf eine neue Epoche der Kirchengeschichte. Der Fall Jerusalems und die Zerstörung des Tempels erschüttern nicht nur das Judentum, sondern auch das frühe Christentum, das zu einem guten Teil jüdisch geprägt ist. Die Christen sehen die Unheilsprophetie Jesu bestätigt. Aber die Reaktion des Markus besteht nicht in Triumphgefühlen gegenüber den gedemütigten Juden, deren Hohepriester Jesus zu Tode gebracht haben, sondern in der Besinnung auf den neuen geschichtlichen Standort der Christen. Zwei Faktoren spielen eine entscheidende Rolle.

Zum einen fällt Jerusalem als Zentrum des Urchristentums aus. Der Jüdische Krieg führt auch zum Ende der Urgemeinde. Das Apostelkonzil (Apg 15; Gal 2,1–10) etwa zeigt, welch große Bedeutung Jerusalem in der ersten Phase der Missionsgeschichte spielt. Als Hauptort Israels, als Ort auch des Todes Jesu ist Jerusalem das Zentrum der sich langsam auch unter den Völkern bildenden Christengemeinden. Wichtige Impulse gehen von dort aus, wichtige Entscheidungen werden hier getroffen. Der Jüdische Krieg aber treibt die Jerusalemer Christen in die Flucht, weil sie, der Gewaltlosigkeit Jesu verpflichtet, sich am kriegerischen Aufstand (wie viele andere Juden auch) nicht beteiligen. Damit verlieren die Christengemeinden einen sie alle verbindenden Bezugspunkt.

Zum anderen reißt in den 60er Jahren die Kette der Augen-Zeugen ab. Jakobus Zebedäus ist bereits 42 n.Chr. wegen seines Glaubens hingerichtet worden (Apg 12,1f). Im Jahre 62 wird der Herrenbruder Jakobus als Gesetzesbrecher vom Hohenpriester zu Tode gebracht (Josephus, Jüdische Altertümer 20,9,1). Noch weit einschneidender ist, dass in der Mitte der 60er Jahre Paulus und Petrus als Märtyrer sterben, die mit Abstand wichtigsten Gestalten der christlichen Gründergeneration. Es wird für die Hellsichtigen absehbar, dass die Jesusüberlieferung in eine neue Form gegossen werden muss, wenn sie auf Dauer Zuverlässigkeit gewinnen soll, nachdem die Augenzeugen und Protagonisten der ersten Generation, die Apostel, nicht mehr befragt werden können.

Im Übergang von der apostolischen zur nachapostolischen Zeit schreibt Markus sein Werk. Es ist als Evangelium die gültige Antwort auf die epochale Herausforderung geworden. In der kritischen Zeit, die durch die Erschütterung des Krieges in Palästina zusätzliche Orientierungsprobleme schafft, entsteht das Markusevangelium; es will die Authentizität des Jesus-Glaubens sichern, die Jesus-Geschichten vor legendarischer Zersagung schützen und durch die Schriftform die Dauerhaftigkeit der Jesus-Erinnerung sichern.

2. Der Evangelist und seine Gemeinde

Das Evangelium ist der Ausschnitt eines längeren Gespräches zwischen dem Verfasser und seinen Adressaten. Die Stoffe, die der Erzähler verwendet, werden zum größten Teil auch in der markinischen Gemeinde bekannt gewesen sein. Die Konzeption, die Pointen und Intentionen des Evangeliums sind genau auf den Leserkreis abgestimmt.

Das Evangelium ist nicht das Werk einer anonymen Gemeinde oder eines Autorenkollektivs. Aber sein Verfasser steht nicht als einsamer Rufer in der Wüste, sondern inmitten einer lebendigen Gemeinde. Ob er schon die ganze Kirche vor Augen hatte, ist zweifelhaft. Aber es fällt auf, dass das Markusevangelium nicht lange Zeit nach seiner Entstehung auch in Kleinasien (wo Lukas und Johannes geschrieben haben) bekannt geworden ist. Das setzt regen Austausch zwischen Ortsgemeinden über regionale Grenzen hinaus voraus – vielleicht hat Markus doch nicht nur für eine kleine Hausgemeinde, sondern einen größeren Adressatenkreis im Urchristentum geschrieben.

2.1 Die Person des Evangelisten

Der Evangelist ist unzweifelhaft von größter Autorität in seiner Gemeinde. Sonst hätte er weder sein »Evangelium« verfasst noch wäre es als Jesusbuch in seiner Gemeinde und recht bald auch in anderen Gemeinden akzeptiert worden. Das Schreiben kostet nicht nur Zeit, sondern auch Geld. Ohne öffentliche Unterstützung – hier durch eine Christengemeinde – ist es nicht zu finanzieren. Allerdings kann dem Evangelisten kein bestimmtes kirchliches »Amt« zugeordnet werden. Vielleicht war er »Lehrer« oder »Bischof« (Episkopos), vielleicht passen aber auch diese Begriffe gar nicht zu ihm.

Der Epheserbrief kennt als aktuelle Gemeinde-Ämter »Evangelisten, Hirten und Lehrer« (4,11). Die Exegese rätselt etwas, was unter »Evangelisten« vorzustellen sei. Allerdings denkt sie nicht an die Verfasser der Jesusbiographien, die es ja keineswegs in jeder Gemeinde gegeben hat, sondern an Missionare, während »Hirten und Lehrer« ortsgebundene Ämter sind.

(1) Die kirchliche Tradition

Die kirchliche Tradition hat sich relativ bald ein bestimmtes Bild von Markus gemacht. Der Verfassername Markus ist früh bezeugt, auch in den Überschriften der ältesten

Evangelienhandschriften. Seit dem 2. Jh. wird der Evangelist Markus mit dem Jerusalemer Judenchristen Johannes Markus identifiziert, einem Neffen des Barnabas, Begleiter des Paulus auf der Ersten Missionsreise (Apg 12,12.25; 13,5.13; 15,37ff; Phlm 24; Kol 4,10; 2Tim 4,11) und »Sohn« des Petrus in Rom (1 Petr 5,13). Maßgebend ist das Zeugnis des Papias, Bischof von Hierapolis (120/130), das Eusebius (Kirchengeschichte III 39,15) mitteilt:

Auch dies hat der Presbyter (Johannes) gesagt:
»Markus, zum Dolmetscher *(hermeneutes)* des Petrus geworden, schrieb alles, woran er sich erinnerte, sorgfältig auf, freilich nicht der Reihe nach, sowohl Worte als auch Taten des Herrn.«
Denn er hatte den Herrn weder gesehen, noch war er ihm nachgefolgt, sondern erst später, wie ich bereits sagte, dem Petrus. Dieser richtete seine Lehrvorträge *(didaskalia)* nach den Bedürfnissen (der Hörer), jedoch nicht so, als wollte er eine (vollständige) Zusammenstellung der Herrenworte geben. Darum fehlte auch Markus nicht darin, dass er einiges so aufschrieb, wie er es im Gedächtnis hatte. Denn er war darauf bedacht, nichts von dem Gehörten wegzulassen oder falsch wiederzugeben.

Nach Papias ist das Markus- im Grunde ein Petrusevangelium. Man weiß, dass es nicht von einem Apostel geschrieben worden ist, erklärt es aber als Werk, das ein Schüler des Ersten unter den Aposteln verfasst hat. »Dolmetscher« (»Hermeneut«) ist ein vielsagender Begriff; er muss nicht einen Übersetzer im strengen Wortsinn, er kann, mit heutigen Begriffen gesagt, auch einen Sekretär, Stenographen oder persönlichen Referenten meinen. Jedenfalls ist Markus danach der engste Mitarbeiter des Petrus auf seinen Missionsreisen, der sich vor allem auf die Predigten des Petrus und die darin enthaltenen Jesusgeschichten stützt. Eusebius sieht in ihm den Gründer und ersten Bischof von Alexandrien in Ägypten (Kirchengeschichte II 16.24).

(2) Die historische Kritik
In der neueren Exegese gibt es (wieder vermehrt) Anhän-

ger der Papias-Tradition[6]: Sie weisen auf die große Rolle des Petrus im Evangelium hin und fragen, ob sich Markus ohne den Rückhalt einer echten apostolischen Autorität so schnell hätte durchsetzen können.

Freilich gibt es auch Kritik an der Papias-Notiz. Sie hat einen starken apologetischen Klang: Papias will, so scheint es, die Qualität des Markusevangeliums gegenüber Einwänden verteidigen, die wohl nach der Lektüre der anderen, späteren, umfangreicheren Evangelien aufgekommen sind. Papias nimmt Markus in Schutz. Er gilt aber in der Antike nicht immer als ganz zuverlässig. Was er sagt, könnte auch aus den oben angeführten Bibelstellen, die von Johannes Markus handeln, erschlossen sein.

Aus Gründen methodischer Vorsicht ist Skepsis gegenüber der Papias-Notiz geboten. Zweifelsohne ist Petrus im Markusevangelium von größter Bedeutung – aber bei Matthäus, Lukas und Johannes auch, zum Teil deutlich über Markus hinaus (vgl. Mt 16,18; Lk 22,32; Joh 21,15–19). Das Markusevangelium ist schwerlich speziell und direkt von den Lehrvorträgen des Petrus abhängig. Die Traditionen, die der Evangelist verwendet, sind viel reicher und bunter. Die philologische Analyse verweist auf kurze Gleichnisse und Wundergeschichten, auf knappe Sentenzen, längere Reden und eine umfangreiche Leidensgeschichte, auf stärker palästinisch und stärker hellenistisch geprägte Traditionen.

Der Verfasser ist ein gebildeter, bewusst einfach schreibender, hoch angesehener hellenistischer Judenchrist. Er greift in nicht unbeträchtlichem Maße petrinisch gefärbte Jesus-Traditionen auf, hat seine traditionsgeschichtliche Bedeutung aber nicht als »Dolmetscher« des Petrus, sondern als eigenständiger Schöpfer der Gattung Evangelium.

2.2 Die Gemeinde des Evangelisten

Das Evangelium ist keine Missionsschrift, weder ein

Handbuch für Wanderprediger noch ein Werbetext, der Juden und Heiden für Jesus gewinnen soll. Markus richtet sich an eine bereits bestehende Gemeinde (oder einen größeren Gemeindeverband), der er die Grundlage ihres Glaubens (1,1) vor Augen führen und dadurch dem Glaubensruf Jesu (1,15) nahebringen will.
Die markinische Gemeinde ist dadurch gekennzeichnet, dass in ihr Frauen und Männer, Juden und Griechen, Reiche und Arme zusammenleben. Das ist nicht eine Spezialität des Markus, sondern typisch für das Urchristentum (Gal 3,28), spiegelt sich aber auch in der Jesusgeschichte wider und nimmt sicher Impulse auf, die Jesus selbst gegeben hat.

(1) Männer und Frauen
Sicherlich lebt auch Markus in einer patriarchalischen Welt. Aber die Bedeutung, die in seinem Evangelium Frauen spielen, wird oft unterschätzt. Zwar begegnen sie meist in der Opferrolle: als Kranke und Ausgestoßene. Aber die Sympathie Jesu gilt gerade ihnen – und einige werden zu großen Zeuginnen des Glaubens, z.B. die »blutflüssige« Frau (Mk 5,25–34) und die Kanaanäerin, die für ihre kranke Tochter bittet (7,24–30). Ein besonderes Wort legt Markus für die Frau ein, die Jesus zu Bethanien im Haus des Simon mit kostbarem Öl die Füße salbt (Mk 14,9):

Amen, ich sage euch:
Wo immer das Evangelium auf der ganzen Welt verkündet wird,
wird erzählt werden, was sie getan hat – zu ihrem Gedächtnis.

Auffällig – und schwerlich ohne historische Erinnerung zu erklären – ist auch die Rollenverteilung in der Passionsgeschichte. Der Kontrast ist scharf gezeichnet: Während die (männlichen) Jünger Jesus allesamt verlassen haben (14,50) und Petrus ihn gar dreimal verleugnet hat (Mk 14,66–72), harren Jüngerinnen aus Galiläa unter dem Kreuz aus (15,40f); einige sind mit Namen bekannt: »Maria Magdalena, Maria, die Mutter des jüngeren Jakobus und des Joses sowie Salome« (Mk 15,40). Weil sie nicht fliehen, sondern standhalten, werden sie zu Zeuginnen auch seines Begräbnisses (15,42–47); weil sie noch dem Leichnam Jesu einen letzten Dienst erweisen wollen, finden sie das Grab leer und hören als erste die Botschaft von der Auferweckung Jesu (16,1–8). Solche Erinnerungen lassen sich kaum ohne eine lebendige Gegenwart vorstellen, auch wenn über die Rolle von Frauen in der markinischen Kirche nichts bekannt ist.

(2) Juden und Griechen
Die markinischen Christen sind in der Mehrzahl Heidenchristen; denn Markus muss ihnen jüdische Bräuche erklären (Mt 2,19; 7,3f; 14,12; 15,42). Allerdings ist – entgegen der älteren Forschung – mit einem nicht unerheblichen judenchristlichen Anteil zu rechnen; denn der Evangelist setzt doch einige Schrift-Kenntnisse voraus und präsentiert Jesu Kontroversen mit Pharisäern, Schriftgelehrten und Sadduzäern nicht nur als geschichtliche Erinnerungen, sondern als relevante Debatten. Das Markusevangelium gehört in einen Zeit-Raum, in dem es keine Kontroverse mehr über die Berechtigung der Völkermission, die Notwendigkeit der Beschneidung von Heidenchristen oder die Heilsnotwendigkeit des Gesetzesgehorsams zusätzlich zum Christusglauben gibt. Tempelkult und Beschneidung gelten den Markus-Christen als obsolet; Sabbat- und Reinheitsgebote werden mit Berufung auf Jesus nicht gehalten (2,23–3,6 [9. S.i.Jk.]; 7,1–23 [22. S.i.Jk.]). Für Markus (und seine Gemeinde) ist Jesus derjenige, der die Brücke zu den Heiden gebaut hat (vgl. Mk 7,1–23) und das Gesetz so interpretiert, dass es im Lichte des Doppelgebotes für Juden und Heiden gültig neu definiert wird (Mk 12,38–34 [31. S.i.Jk.]).

(3) Arme und Reiche
Im Markusevangelium wird zwar die caritative Verpflich-

tung der Christen weniger akzentuiert als bei Lukas. Dennoch werden die Gefahren des Reichtums deutlich gesehen (4,19; 10,17–22 [28. S.i.Jk.]). Die Mahnung zum wechselseitigen Dienen (9,35 [25. S.i.Jk.]; 10,43 [29. S.i.Jk.]) gewinnt vor dem Hintergrund sozialer Heterogenität besondere Brisanz. Auch im Umkreis des Markus gehören – wie es typisch ist für das Urchristentum – Reiche und Arme zur Kirche. So groß die Integrationsleistung der Christen (wie ähnlich auch der Juden in ihren Synagogengemeinden) ist, so notwendig erachtet auch Markus, Jesu Worte in Erinnerung zu rufen, die den Reichen nicht nur die Gefahren des Mammons vor Augen stellen (Mk 10,17–22 [28. S.i.Jk.]) und die arme Witwe (Mk 12,41–44 [32. S.i.Jk.]) als das wahre Vorbild verdeutlichen, sondern auch die innergemeindliche Sorge füreinander (Mk 10,29f [28. S.i.Jk.]). Dass Jesu Wundertaten enorme soziale Konsequenzen hatten und praktischer Dienst an den Armen waren, darf nicht übersehen werden: Die heilende Praxis, zu der Jesus seine Jünger in der Nachfolge bestimmt, ist Dienst an den Armen, eine der wichtigsten Formen der Caritas.

2.3 Das jüdische und griechisch-römische Umfeld

Das Judentum ist der enge Nachbar und der große, kulturell überlegene Konkurrent. Die Verbindungen sind noch eng, aber Risse unübersehbar. Der Arm jüdischer Gerichte reicht weit (13,9–13), aber tief greifende und schmerzliche Trennungsprozesse sind bereits abgelaufen. Die Herausforderung ist groß, die Legitimität des christlichen Glaubens auf dem Hintergrund der Heiligen Schrift im kritischen Gespräch mit dem pharisäisch geprägten Judentum unter Beweis zu stellen. Der Evangelist nimmt diese Aufgabe in Angriff.

Das Verhältnis zur heidnischen Umwelt ist gespannt; die Lage verschärft sich durch den Jüdischen Krieg. Die Christen haben die üblichen Benachteiligungen einer Minderheit zu erleiden, zwar nicht unbedingt das Martyrium (vgl. aber 10,39 [29. S.i.Jk.]), wohl aber Verleumdungen, Einschüchterungen, Benachteiligungen (vgl. 4,17; 6,11 [15. S.i.Jk.]; 8,35 [25. S.i.Jk.]; 10,29f [28. S.i.Jk.]; 13,19). Es liegt nahe, dass sich zumindest in Teilen der Gemeinde Unsicherheiten, Resignation und Anpassungstendenzen breit gemacht haben, während andere womöglich ihr Heil in einem Ethos radikaler Abwendung von der Welt gesucht haben, vermutlich im Zeichen einer durch den Jüdischen Krieg angeheizten Naherwartung. Markus muss vor Opportunismus wie vor Rigorismus warnen. Die Christen sollen, von Jesus angeleitet, durchaus Steuern zahlen, aber dem Kaiser nur geben, was des Kaisers, und vor allem »Gott geben, was Gottes ist« (12,13–17).

2.4 Der Entstehungsort

Als Entstehungsort gilt traditionell Rom. Auch in der neueren Forschung wird häufig so geurteilt. Dafür spricht die Petrustradition. Nach 1 Petr 5,13 grüßt Petrus zusammen mit Markus aus »Babylon«, was ein Deckname für Rom ist.

Die Lokalisierung in Rom ist tatsächlich nicht auszuschließen. Aber sie steht auf schwachen Füßen – wie jede andere Lokalisierung auch. Letztlich ist sie aus der ihrerseits unsicheren Papias-Notiz über Markus als »Dolmetscher« des Petrus abgeleitet.

Die Kirchenväter haben auch in Ägypten gesucht. Alexandria gilt als markinische Gründung. Aber es gibt keine näheren Anhaltspunkte.

Wahrscheinlicher ist ein Ort in größerer Nähe zu Galiläa, etwa in Syrien oder Phönikien. Immerhin ist das Markusevangelium ein Auffangbecken für zahlreiche Jesustraditionen, deren ursprüngliche Heimat Jerusalem, Judäa und Galiläa sind.

Das Markusevangelium ist nicht das Werk eines frei schaffenden Schriftstellers; es ist durchgängig von älterer Überlieferung abhängig: von Jesus-Traditionen, die in mündlicher oder schriftlicher Form umgelaufen, von Markus gesammelt und im Rahmen des Evangeliums zu einer neuen Einheit verbunden worden sind. Diese Traditionen, die den etwa vierzigjährigen Zeitraum zwischen dem Tod Jesu und der Entstehung des ältesten Evangeliums überbrücken, verdanken sich der lebendigen Jesus-Erinnerung und dem vitalen Jesus-Glauben vormarkinischer Christengemeinden.

Die vormarkinischen Überlieferungen erschließen sowohl das Wirken als auch das Leiden Jesu, sowohl den Propheten als auch den Lehrer, sowohl den Meister seiner Jünger als auch den Gegner vieler Schriftgelehrter, sowohl den Erzähler von Gleichnissen als auch den scharfen Disputanten, vor allem den Freund der Armen und der Sünder, also: den »Diener«, der sein »Leben gibt als Lösepreis für die Vielen« (Mk 10,45 [29. S.i.Jk.]).

Die Jesustraditionen, die Markus rezipiert, lassen sehr unterschiedliche Jesus-Bilder hervortreten, die – wenigstens auf den ersten Blick – in großer Spannung zueinander stehen. Gerade diese Spannung versucht Markus nicht etwa abzubauen, sondern als Energie für sein Evangelium nutzbar zu machen.

3.1 Der vormarkinische Passionsbericht: Der leidende Gerechte

Die umfangreichste und theologisch gewichtigste Vorlage des Evangelisten ist der vormarkinische Passionsbericht.[7] Seine Anfänge reichen in die Jerusalemer Urgemeinde zurück. Im Laufe der Überlieferungsgeschichte ist er allmählich gewachsen. Markus wird ihn in einer Fassung ge-

lesen haben, die vielleicht mit den Berichten vom Einzug in Jerusalem (11,1–10 [Palmsonntag]) und der Tempelaktion (11,15ff) eingeleitet worden ist und gewiss den Grundbestand der Perikopen (mindestens) von der Auffindung des Abendmahlssaales an (14,12) bis zur Kreuzigung und zur Graberzählung (16,1–8) umfasst hat.
Der vormarkinische Passionsbericht zeichnet Jesus in den Farben des leidenden Gerechten, wie er von den Leidenspsalmen vor Augen gestellt wird. Der Markustext ist gespickt mit Anspielungen und Zitaten auf die Klagelieder des leidenden Gerechten (z.B. 15,23 [Ps 69,22]; 15,24 [Ps 22,19]; 15,29 [Ps 22,8; 109,25]; 15,32 [Ps 69,10]; 15,34 [Ps 22,1]; 15,36 [Ps 69,22]). Leittext ist Ps 22. Er wird in rückläufiger Weise zitiert (V. 19 in Mk 15,24; V. 8 in Mk 15,29), um dann mit dem letzten Wort Jesu in den Eröffnungsvers (Ps 22,1) einzumünden, den Markus hebräisch und griechisch zitiert (15,34):

Gott, mein Gott, warum hast du mich verlassen?

Der leidende Gerechte ist eine archetypische Figur der Glaubensgeschichte Israels. Er muss leiden, weil er in einer ungerechten Welt gerecht ist; er setzt sich für die Sache Gottes ein und stößt gerade deshalb auf den Widerspruch der Sünder; doch trotz seines ungerechten Leidens verzweifelt er an Gott nicht, sondern hält an seinem Vertrauen auf Gott fest; darin wird Gott ihn nicht enttäuschen, er wird ihn rechtfertigen und retten.
Der vormarkinische Passionsbericht greift auf diese Idealgestalt zurück. Sie ist geeignet, angesichts des verheerenden Eindrucks, den der Kreuzestod hinterlassen hat (vgl. 15,29–32), die Unschuld Jesu in Kategorien alttestamentlich-jüdischer Theologie zu erhellen; sie lässt das in aller Anfechtung bewährte Vertrauen Jesu auf Gott erkennen. So heißt es bereits im Getsemani-Gebet Jesu, das wie ein kurzgefasstes Vaterunser klingt (14,36):

Abba, Vater,
alles ist dir möglich.
Nimm diesen Kelch von mir.
Aber nicht, was ich will, sondern was du willst.

Aber auch der Kreuzesruf Jesu (Mk 15,34) muss so verstanden werden. Wie Ps 22,1 ist er ein Klageschrei und damit ein Gebet Jesu. Die Zeichnung Jesu in den Farben des leidenden Gerechten öffnet schließlich auch das Verständnis für die Rettung Jesu aus dem Tode durch Gott. Freilich ist die Gestalt des leidenden Gerechten christologisch neu umrissen: Jesus ist nicht nur aufs ärgste bedroht, sondern wirklich gestorben, und zwar in der denkbar größten Niedrigkeit des Kreuzes; sein Leiden ist nicht nur der Preis, den er bezahlt, um seiner Sendung treu zu bleiben, sondern stellvertretende Sühne für die Sünde aller Menschen (Abendmahl: 14,22–25 [Palmsonntag; Fronleichnam]), wie beim leidenden Gottesknecht (Jes 53); schließlich besteht die Rechtfertigung des unschuldig leidenden Jesus nicht darin, dass er aus der Todesgefahr errettet wird und seine Gegner beschämt sieht, sondern dass Gott ihn von den Toten auferstehen und in neuer Weise wirken lässt (16,6f [Osternacht]).

3.2 Gleichnisse und Wunder, Reden und Gespräche: Der vollmächtige Prophet und Weisheitslehrer

Neben dem Passionsbericht hat der Evangelist weitere schriftliche Sammlungen aufgenommen. Über Einzelheiten kann man trefflich streiten. Es gibt jüngst wieder verstärkt Stimmen, die schriftliche Vorlagen überhaupt ablehnen. Dennoch gibt es gute Gründe, nicht nur mit verstreuten Einzeltexten zu rechnen, sondern auch mit ersten Sammlungen – die freilich weder den Fluss der mündlichen Tradition gestoppt noch das Interesse an den Einzeltexten beendet haben. Mit einiger Wahrscheinlichkeit hat Markus folgende Sammlungen gekannt und genutzt:

- eine Sammlung galiläischer Streitgespräche (2,1–3,6 [7.–9. S.i.Jk.]), die Jesus im Konflikt mit Pharisäern und Schriftgelehrten über den wahren Willen Gottes zeigen (Sündenvergebung, Fastengebot, Sabbatpraxis);
- eine Sammlung von Gleichnissen (4,3–9.13–20.26–32), die Jesu Reich-Gottes-Predigt illustrieren, die Anziehungskraft seiner Bilder und die Macht seines Wortes;
- eine lange Rede über die Endzeit (13,3–37 [1. Advent; 33. S.i.Jk.]), in der Jesus seine Jünger auf die Wirrnisse, die Probleme und Aufgaben der nachösterlichen Zeit bis zur Wiederkunft des Menschensohnes vorbereitet.

Überdies liegen dem Evangelisten viele mündliche und schriftliche Einzeltraditionen vor. Typisch ist, dass sie in Form bestimmter »Gattungen« begegnen: als Texte, die durch jüdische und hellenistische Erzähltraditionen geprägt sind und deshalb bestimmte Aufbaumuster besitzen. Zu diesen Erzählgattungen gehören u.a.:

- Wundergeschichten, die Jesu Macht beschreiben, die Gnade der Gottesherrschaft seelisch und körperlich zu vermitteln (Blutflüssige Frau: 5,25–34 [13. S.i.Jk.]), sei es als Hilfe in der Not (Besessener in Kapharnaum: 1,21–28 [4. S.i.Jk.]), sei es als überraschendes Geschenk (Brotwunder: 6,30–44 [16. S.i.Jk.]; 8,1–10);
- Jüngerworte, die Gemeinschaft mit Jesus begründen und von der Freude, aber auch vom Ernst der Nachfolge handeln (z.B. Berufung der ersten Jünger: 1,16–20 [3. S.i.Jk.]; Kreuzesnachfolge: 8,34–38 [24. S.i.Jk.]);
- Streitgespräche, die – mit mancherlei polemischen Akzenten – Jesu Einsatz für die Verwirklichung des Willens Gottes demonstrieren, aber auch seine Überlegenheit über seine jüdischen Gegner, die in seiner Gottesbeziehung wurzelt (z.B: Steuer- und Auferstehungsfrage: 12,13–27).

Im Ganzen betonen die Jesus-Traditionen außerhalb des Passionsberichtes weniger die Ohnmacht, die Leidensbereitschaft und Erniedrigung als die Vollmacht, die Handlungsfähigkeit und Hoheit Jesu: sein befreiendes Lehren und Wunderwirken, sein geheimnisvolles Vorauswissen, seinen charismatisch-autoritativen Nachfolge-Ruf, das Epiphan-Werden des Göttlichen in seiner Person. Wiederum sind es meist alttestamentliche Typen, die dem Jesus-Bild aufgeprägt werden: der wirkungsvolle Prophet, der noch größere Wunder als selbst Elija wirkt (Brotwunder: 6,30–44 [16. S.i.Jk.]), und der kompetente Weisheitslehrer, der seine Kollegen an Gesetzeskenntnis weit übertrifft (Doppelgebot: 12,28–34 [31. S.i.Jk.]).

3.3 Die Aufnahme der Traditionen im Evangelium

Der synoptische Vergleich zeigt, dass Markus bei weitem nicht alle alten Jesustraditionen aufgefangen hat. Lukas wird später für sich in Anspruch nehmen, als guter Biograph noch einmal »allem von Anfang an« nachgegangen zu sein und weitere Quellen erschlossen zu haben (Lk 1,1–4). Aber es spricht nichts dafür, dass Markus – wie später Johannes von sich sagt (20,30f) – bewusst vieles weggelassen hat, um sich auf weniges zu konzentrieren. Vielmehr muss man eher damit rechnen, dass er zwar im Wesentlichen alles, was er von Jesus kennengelernt hat, in seinem Evangelium Heimat gegeben hat, aber eben nur einen Ausschnitt der Jesustraditionen kannte: nicht die »Redenquelle«, nicht das Sondergut« des Matthäus und Lukas, nicht die vorjohanneischen Traditionen und nicht die apokryphen Jesusworte, die hier und da außerhalb der neutestamentlichen Evangelien ihren Niederschlag gefunden haben.

Markus ist, so eine geradezu klassische Kennzeichnung der historisch-kritischen Exegese, »Sammler und Tradent«; er ist es als Evangelist, der ein Evangelium mit einer klar strukturierten neuen Gesamtform schreibt und damit dem Christusglauben neues Profil gibt. Die Jesus-Traditionen, die dem Evangelisten zugänglich geworden sind, werfen das entscheidende christologische Problem auf, wie die unterschiedlichen Jesus-Bilder zusammenhängen. Sind der vollmächtige und der ohnmächtige, der kraftvoll wirkende und der leidende Jesus, der Bote der Gottesherrschaft und der Gekreuzigte überhaupt noch eine einzige Person? Zeigen die verschiedenen Bilder nicht ganz unterschiedliche Gestalten? Gibt es überhaupt noch einen Zusammenhang? Und welches wären die Konsequenzen für die Sicht Gottes und der Welt, für die Aufgaben der Jüngerschaft und die Hoffnung der Christenheit?

Mit der Abfassung eines Evangeliums zeigt Markus, dass er eine organische Verbindung der Traditionen vom vollmächtigen Wirken Jesu mit der Passionsüberlieferung beabsichtigt, nicht ein Gegeneinander, sondern ein wechselseitiges Miteinander. Durch sein Evangelium bringt Markus ohne einseitige Auswahl und Abgrenzung die gesamte Breite der ihm zugänglichen Jesus-Traditionen als verbindliche Glaubens- und Verkündigungstradition zur Geltung.

Zwei Linien verbinden das öffentliche Wirken mit der Passionsgeschichte.

Zum einen ist das Evangelium von Anfang an durchzogen von direkten und indirekten Leidensankündigungen Jesu. Am deutlichsten sind die drei ausdrücklichen Prophetien in Mk 8,31 [24. S.i.Jk.], 9,31 [25. S.i.Jk.] und 10,32–34. Aber an verschiedenen Stellen notiert Markus auch, dass es gerade die vollmächtige Evangeliumsverkündigung Jesu ist, die den Widerstand gegen ihn so entzündet, dass er schließlich zur Passion führt. Die Sündenvergebung bei der Heilung des Gelähmten führt zum Vorwurf der Besessenheit (Mk 2,1–12 [7. S. i.Jk.]), mit dem ihn wieder der Hohepriester konfrontiert, nachdem Jesus sich als Gottessohn bekannt hat (Mk 14,61f [Palmsonntag]). Nach der Sabbatheilung Mk 3,1–6 [9. S.i.Jk.]), schreibt Markus, hätten die »Herodianer« (die Parteigänger des galiläischen Königs Herodes Antipas) und die Pharisäer Jesus zu töten beschlossen. Das ist nicht einfach die Wiedergabe historischer Umstände, sondern zumindest immer auch gezielte literarische Gestaltung in theologischer Absicht: Markus will herausarbeiten, dass die tiefe Ursache für Jesu Tod darin besteht, dass er war, was er ist, und getan hat, was Gott ihm aufgetragen hat.

Zum anderen ist und bleibt Jesus in seinem Leiden doch derselbe wie in seinem vollmächtigen Wirken. Er bleibt seiner Sendung treu; er hält sein Ethos der Gottes- und Nächstenliebe durch; er steht zu seinen Jüngern, obgleich die ihn verraten werden; er bekennt sich als Gottessohn und Menschensohn (Mk 14,61f [Palmsonntag]), der er von Anfang an ist (Mk 1,9–11 [Taufe des Herrn]). Vor allem: Auch in dem, was er leidet, bleibt er souverän: weil er der Sohn Gottes ist, der als Knecht Gottes im Vertrauen auf Gott das Leiden als Teil seiner Sendung angenommen hat. Markus erzählt die Leidensgeschichte so, dass auf hintergründige Weise Jesus das Geschehen bestimmt: Ob er vor seinen irdischen Richtern schweigt oder spricht, ob er verraten, verhaftet und verleugnet wird – hintergründig bestimmt sein Verhalten den Gang der Geschichte. Er hat den Tod nicht gesucht, aber auf sich genommen, und deshalb bleibt er auch in der Schwäche seines Leidens stark – wie seine ganze Stärke seine Hingabe ist.

4. Die Theologie des Evangelisten

Das Markusevangelium rekonstruiert nicht das chronologische Gerüst des Wirkens Jesu. Es beginnt zwar, wie dies historisch richtig ist, in Galiläa, um dann in Jerusalem zu enden. Es nimmt auch Ortstraditionen aus Kapharnaum (1,21–45 [4.–6. S.i.Jk.]), Nazareth (Mk 6,1–6a [14. S.i.Jk.]) und Caesarea Philippi (8,27–33 [24. S.i.Jk.]), aus Jericho (10,46–52 [30. S.i.Jk.]), Bethphage (11,1) Bethanien (11,1.12; 14,3–9 [Palmsonntag]) und Jerusalem auf, die auf historischer Überlieferung beruhen. Aber über weiteste Strecken ist es schlicht unmöglich, die Stationen des Wanderlebens Jesu zu rekonstruieren. Offensichtlich war dies auch nicht die Absicht des Evangeliums.

Markus hat sein Buch vielmehr nach den Gesetzen der Dramatik und Paradigmatik aufgebaut. Das Markusevangelium will nicht nur als Folge von (ausgewählten) Perikopen, sondern als Gesamtwerk gelesen und ausgelegt sein. Es baut einen großen Spannungsbogen auf: vom Auftreten des Täufers über die öffentliche Reich-Gottes-Predigt Jesu in Galiläa und Jerusalem bis zum Tod auf Golgotha und zur Verkündigung der Auferweckung im leeren Grab. Gerade dieser Spannungsbogen ist das tragende Gerüst des Evangeliums. Jede Einzelszene setzt ihre eigenen Akzente und erklärt sich dennoch nur im Kontext des ganzen Werkes – wie sich umgekehrt die Gesamt-Aussage des Evangeliums aus den vielen bunten Facetten der Einzelszenen zusammensetzt und doch mehr ist als die Summe der zahlreichen Teilaussagen. (Damit ergibt sich für die Predigten des Lesejahres die Möglichkeit, nicht nur den Augenblickseindrücken der jeweiligen Sonntagsperikopen nachzugeben, sondern auch die großen theologischen Linien des gesamten Evangeliums nachzuzeichnen.)

Das entscheidende: Jesus ist für Markus nicht nur eine Gestalt der Vergangenheit, sondern ebenso eine Gestalt der Gegenwart und der Zukunft. Er ist der große Prophet, der faszinierende Wundertäter und der kompetente Weisheitslehrer aus Galiläa, dessen Worte und Taten bei seinen Jüngern einen unauslöschlichen Eindruck hinterlassen haben; er ist aber auch das unschuldige Opfer der Gewalt, der ohnmächtig Leidende, der in der Konsequenz seines Wirkens den Tod auf sich genommen hat, um durch sein Sterben das ewige Leben zu schenken; und er ist der zur Rechten Gottes Erhöhte, der Freund und Herr seiner Jüngergemeinde: der Gottessohn, der Gottes Herrschaft dient, und der Menschensohn, der am Jüngsten Tag Gottes Gerechtigkeit zum Sieg verhilft. Diese Zusammenhänge sollen durch die Erzählung des Evangeliums zum Ausdruck kommen. Deshalb werden die Szenen so stilisiert, dass sie als beispielhaft erkannt werden können – nicht nur für das irdische Wirken Jesu, sondern auch für das Wirken des Auferweckten; und die Szenen werden so komponiert, dass ihre innere Verflechtung, insbesondere ihre Verbindung mit dem Leidensgeschick, sichtbar wird.

4.1 Jesus Christus, Gottessohn und Menschensohn für Gottes Reich

Markus treibt Christologie nicht in der Form, dass er dogmatische Formeln aufstellt oder theologische Argumente abwägt, sondern in der Form, dass er die Geschichte Jesu erzählt. Er treibt narrative Christologie: Christologie in der Weise der Erzählung. Christologisch aussagekräftig ist deshalb in erster Linie das Evangelium selbst: sowohl in der Sammlung vieler Episoden als auch im Gesamtwerk. Einen wichtigen Anhaltspunkt bilden aber auch die christologischen Hoheitstitel, besonders Gottessohn und Menschensohn.

(1) Die christologische Grundlinie
Markus entwickelt durch die Anlage seines Evangeliums eine fundamentale theologische Deutung der Person, des Wirkens, des Leidens und der Auferstehung Jesu.
Einerseits zeigt der Evangelist, dass der vollmächtige Wundertäter und Lehrer Jesus nur von seinem Tod und seiner Auferweckung her verstanden und geglaubt werden kann. Dies herauszuarbeiten, dienen im Markusevangelium die vielen, teils rätselhaft erscheinenden Schweigegebote und Unverständnismotive: Sie warnen davor, schon bei einer großen Machttat Jesu in allzu großen Jubel auszubrechen – so als ob Jesus nicht am Ende ohnmächtig am Kreuz hinge;

und sie projizieren das Versagen der Jünger während der Passion (14,50.66–72) in die Zeit des öffentlichen Wirkens Jesu hinein – um klarzustellen, dass von Jesu Gleichnissen, Wundern und Reden im Grunde gar nichts versteht, wer sein Leiden und Sterben leugnen oder relativieren wollte.
Andererseits zeigt der Evangelist, dass die Verkündigung des Todes und der Auferweckung Jesu bleibend darauf angewiesen ist, zu erinnern, dass sie den Tod und die Auferstehung des Basileia-Boten Jesus von Nazareth zur Sprache bringt. Was Jesus getan und gelehrt hat, wird durch seinen Tod und seine Auferweckung nicht überholt, sondern von Gott bestätigt. Mehr noch: Jesus wird von Gott durch den Tod hindurch so rückhaltlos bejaht, dass er als Auferweckter in der Kraft Gottes universal in der Weise wirken kann, wie er es unter den Bedingungen seiner irdischen Existenz in Galiläa und Jerusalem getan und durch seinen Kreuzestod besiegelt hat. Markus macht dies nicht zuletzt durch den offenen Schluss seines Evangeliums deutlich: Im leeren Grab identifiziert der Engel nicht nur ausdrücklich den Auferweckten mit dem gekreuzigten Jesus von Nazareth (16,6); er erinnert die Frauen auch an die Verheißung, die er den Jüngern auf dem Weg vom Abendmahlssaal nach Getsemani gegeben hat: dass er ihnen trotz ihres Versagens nach Galiläa vorangehen wird, wo sie ihn sehen werden, der sie neu in die Nachfolge ruft (14,28; 16,7 [Palmsonntag; Osternacht]).
Wie Markus während der gesamten Erzählung immer wieder Signale gesetzt hat, Jesu Wirken im Licht seines Todes und seiner Auferstehung zu verstehen, so lenkt er zum Schluss des Evangeliums, auf dem Höhepunkt der Osterbotschaft, den Blick wieder nach Galiläa zurück, zum Anfang der Geschichte Jesu: die nun – unter neuen Vorzeichen – neu gelesen sein will, immer wieder. Was heißt das genau?
Zum einen: Wer verstehen will, was Jesu Worte und Werke, seine Wunder und Zeichen, seine Gleichnisse und Leh-

ren bedeuten, darf nicht nur auf den Klang der Worte und den Effekt der Taten schauen, sondern muss dies alles in den größeren Zusammenhang des Todes und der Auferweckung stellen. Nur in diesem Kontext erklärt sich, wozu Jesus gekommen ist; nur in ihm kann verstanden werden, weshalb Jesus Sünden vergeben, Sünder in die Nachfolge rufen, Wunder wirken, als Lehrer die Wahrheit sagen und in Gleichnissen das Geheimnis der Gottesherrschaft mitteilen kann (Mk 4,11f). Denn nur vom Leiden Jesu her wird sichtbar, wie ernst es Jesus mit seiner »Sache« ist, wie rückhaltlos er sich in den Dienst Gottes und der Nächsten stellt und wie unumstößlich Gott zur Verwirklichung seiner Herrschaft entschlossen ist; und nur von der Auferstehung Jesu her wird deutlich, dass Jesus sich nicht geirrt, sondern die Wahrheit gesagt hat, dass Gott ihn nicht im Stich lässt, sondern ihn für alle rettet, und dass seine Botschaft den Namen »Evangelium«, *Frohe* Botschaft und *Gute* Nachricht, wirklich verdient.
Zum anderen: Wer den auferstandenen Jesus Christus bekennt, muss wissen, dass er kein anderer als der irdische Jesus von Nazareth ist: nicht nur der Gekreuzigte, sondern auch der vollmächtige Lehrer, Wundertäter und Prophet. Die Erzählungen von seiner Evangeliumsverkündigung in Galiläa, Judäa und Jerusalem sind nicht weniger christologisch relevant als sein Tod und seine Auferweckung. Das christliche Glaubensbekenntnis, das im Gottesdienst gebetet wird, fokussiert alles auf die Inkarnation, die Passion und die Auferweckung Jesu, sagt aber über sein irdisches Wirken kein Wort. Das Credo setzt deshalb im Gottesdienst das Evangelium voraus, in dem wenigstens ein Abschnitt aus Jesu Leben vorgelesen wird. Ohne den Blick auf sein Leben mit den Jüngern inmitten der Menschen in Israel bliebe das »Für« seines Todes isoliert – und es bliebe die Frage offen, wofür der Auferweckte die Macht einsetzt, die ihm durch seine Erhöhung zur Rechten Gottes verliehen worden ist.

(2) Gottessohn und Menschensohn

Zwei Hoheitstitel ragen im Markusevangelium heraus, die unterschiedliche Akzente setzen, aber hintergründig zusammengehören und jeweils die christologische Grundspannung des Markusevangeliums aufbauen und aushalten.

Schon in der Überschrift nennt Markus den wichtigsten Hoheitstitel: *»Sohn Gottes«*. Auch bei Paulus und Johannes, im Hebräerbrief und weithin in der frühchristlichen Literatur ist er zentral. Markus hat ihn gezielt an den Anfang, in die Mitte und an das Ende seines Evangeliums gesetzt. In der erzählten Welt des Evangeliums ist es zuerst Gott selbst, der Jesus, ihn allein, nach der Taufe im Jordan als seinen Sohn anredet (1,11 [Taufe des Herrn]):

Mein Sohn bist du, an dir habe ich Gefallen gefunden.

Zwei Schriftstellen klingen an: Ps 2,7, wo Gott den davidischen Messiaskönig »Sohn« nennt, und Jes 42,1, wo Gott den prophetisch-messianischen Gottesknecht seiner Liebe versichert. Mk 1,11 besagt: Nur als Sohn Gottes kann Jesus in Gottes Liebe die Herrschaft Gottes verkünden, und die Verkündigung des »Evangeliums Gottes« (1,14) von der »Herrschaft Gottes« ist der Erweis seiner Gottessohnschaft.

Auch an der zweiten Stelle ist es Gott, der Vater, der den Sohnestitel in den Mund nimmt: wenn er ihn auf dem Berg der Verklärung als seinen Sohn offenbart (9,7 [2. Fastensonntag]):

Dies ist mein geliebter Sohn, auf ihn sollt ihr hören.

Der erste Teilsatz greift auf die Tauferzählung zurück, der zweite zitiert Dtn 18,18: die Verheißung eines messianischen Propheten »wie Mose«, der dem Gottesvolk Gottes Wort verkündet.

Erst ganz zum Schluss findet sich der Titel im Munde eines Menschen, aber auffälligerweise nicht eines Jüngers, sondern des heidnischen Hauptmanns, der Jesus gehenkt hat, und nicht in Form eines regelrechten Bekenntnisses, sondern eines »Nachrufes«[8], der aber auf das Christusbekenntnis der Kirche verweist (15,39):

Wahrhaftig, dieser Mensch war Gottes Sohn.

Die Logik dieser Abfolge erschließt sich in zweifacher Perspektive. Einerseits ist Jesus von Anfang an der Sohn Gottes; nur als solcher eignet ihm Vollmacht; nur als solcher kann er nach Gottes Willen seinem Tod eschatologische, end-gültige Heilsbedeutung geben. Andererseits kann Jesus erst von seinem Ende her als Gottessohn erkannt und bekannt werden. Anders gesagt: Wer sich nicht auf den Weg der Kreuzesnachfolge begibt, versteht nicht, dass und wie Jesus der Gottessohn ist (vgl. 8,34) – weil Jesu Gottessohnschaft in seinem Kreuzestod kulminiert.
Der *Menschensohntitel* hat seinen Ursprung in der alttestamentlich-jüdischen Apokalyptik. Der Menschensohn ist bei Daniel diejenige Himmelsgestalt mit menschlichen Zügen, die in Gottes Auftrag das Endgericht durchführt. So kennt auch Markus den Menschensohn – und identifiziert ihn mit Jesus (vgl. 13,24–27: Dan 7,13). Kennzeichnend ist aber, dass Markus betont auch in zwei anderen Kontexten vom Menschensohn Jesus spricht. Zum einen ist der Menschensohn der vollmächtig wirkende: In Gottes Vollmacht vergibt er auf Erden Sünden (2,10) und ist er »Herr auch über den Sabbat« (2,28), indem er ihn neu als Tag definiert, der »für die Menschen« ist, indem er ihnen Gottes Segen vermittelt (2,27). Zum anderen aber ist der Menschensohn für Markus dezidiert auch der Leidende, den Gott von den Toten auferweckt (9,31):

Der Menschensohn wird den Menschen ausgeliefert
und sie werden ihn töten,
doch nach drei Tagen wird er auferstehen.

Die Ausdehnung der futurischen Richter-Rolle des Menschensohnes auf sein gegenwärtiges Wirken zur Rettung der Menschen und auf seinen Tod wie seine Auferweckung ist nicht nur formal, sondern inhaltlich-theologisch begründet. Einerseits klingt beim Hoheitstitel mit, dass *der Mensch* Jesus der Gottessohn ist (vgl. 15,39). Andererseits wird die innere Einheit zwischen seiner Sendung, seinem Tod, seiner Auferweckung und seiner Parusie deutlich. Vor allem: Die erste Ankunft des Messias, an die Christen glauben, verweist auf die zweite, auf die sie hoffen. Die zweite Ankunft, die am Jüngsten Tag das vollendete Reich Gottes beginnen lässt, vollendet die erste. Der Menschensohn, der das Endgericht halten wird, ist kein anderer als Jesus von Nazareth, der von sich sagt (10,45):

Der Menschensohn ist nicht gekommen,
um bedient zu werden, sondern um zu dienen
und sein Leben hinzugeben als Lösepreis für viele.

(3) Gottes Sohn für Gottes Herrschaft

Bei aller Betonung der Christologie bleibt es doch wichtig, ja entscheidend, dass Markus die Theozentrik Jesu festhält. So wenig Jesu Basileia-Botschaft von ihm selbst getrennt werden kann, so wichtig bleibt doch, dass er nicht seine eigene Macht im Auge hat, sondern die Herrschaft Gottes verkündet und gerade in dem Maße seine eigene Person ins Spiel bringt, wie er Gott, dem Vater, die Ehre gibt.

Durch seine Christologie gewinnt Markus diese Theozentrik Jesu im Rahmen einer dynamisierten Reich-Gottes-Theologie zurück. Der Inbegriff des Heils ist die vollendete Gottesherrschaft (9,47; 10,14f.23ff; 14,25). Sie herbeizuführen ist allein das Werk Gottes. Das sagt etwa das Gleichnis von der selbstwachsenden Saat (4,26–29 [11. S.i.Jk.]). Gott handelt aber durch Jesus, den er zur Verkündigung seines Evangeliums berufen hat (1,14f [1. Fastensonntag; 3. S.i.Jk.]) und den er am Ende aller Tage wiederkommen lässt, um sein Reich zu vollenden (13,24–27 [1. Advent; 33. S.i.Jk.]). An der Herrschaft Gottes Anteil zu haben ist aufgrund der Universalität der Sünde, der Unbedingtheit des Anspruchs und der überragenden Größe des Heiles nicht im Mindesten ein Anrecht von Menschen (vgl. 1,4), sondern ganz allein die gnädige Gabe Gottes. Im Anschluss an die gescheiterte Berufung des Reichen in die Nachfolge (10,17–22) belehrt Jesus darüber seine Jünger, die Angst haben, wegen der Radikalität des Anspruchs Jesu keinen Grund zur Hoffnung zu haben (10,23–27). Die Gnadentheologie Jesu kommt ganz klar im Kernsatz seiner Lehre heraus (10,27):

Bei den Menschen ist es unmöglich, aber nicht bei Gott.
Denn bei Gott ist alles möglich.

Gottes Rettung den Menschen nicht nur zu verkünden, sondern durch sein Wort und seine Tat, letztlich durch die Hingabe seines Lebens zu vermitteln, ist Jesus gesandt (vgl. 2,17 mit 9,37). Diese Vermittlungsaktion setzt zunächst das vollmächtige Wirken Jesu in Wort und Tat voraus, nicht zuletzt seine Sündenvergebung (2,10); denn dadurch erschließt er den Menschen in Israel die Wirklichkeit der Gottesherrschaft, die ihr Leben bedeutet. In der Konsequenz dieses vollmächtigen Wirkens steht aber der stellvertretende Sühnetod Jesu (10,45; 14,23f). Mit ihm unterfängt Jesus im vertrauenden Gehorsam gegenüber Gott (14,32–42) selbst noch einmal die massivste Form menschlicher Sünde: die Verwerfung und Ermordung des »geliebten Sohnes« Gottes (12,7; vgl. 1,11; 9,7).

4.2 Glaube und Nachfolge

Zu Beginn des Evangeliums liest man Jesu programmatische Forderung (1,15 [1. Fastensonntag; 3. S.i.Jk.]):

Kehrt um und glaubt an das Evangelium!

Eine erste Antwort geben die ersten Jünger, die Jesus erwählt und beruft: Sie gehen den Weg der Nachfolge (Mk 1,16–20 [3. S.i.Jk.]).

(1) Umkehr und Glaube

»Umkehr« ist bereits das Stichwort des Täufers Johannes (Mk 1,4). Bei ihm bedeutet es:

- die eigene Erlösungsbedürftigkeit anzuerkennen;
- zu wissen, dass Gott in seiner Gerechtigkeit Gericht halten wird, in dem keine Berufung auf die Abrahamskindschaft etwas hilft;
- hinauszugehen aus der gewohnten Umgebung, zurück an die andere Seite des Jordan;
- die Sünden zu bekennen
- und aus der empfangenen Vergebung ein neues Leben anzufangen.

Jesus greift dieses Stichwort auf und gibt ihm einen neuen Sinn. Auch bei ihm spielen das Bekenntnis und die Vergebung der Sünden eine nicht unbeträchtliche Rolle. Aber das Ziel der Umkehr ist die Hinwendung zu dem Gott, der jetzt durch Jesus als Retter und Erlöser nahekommt. Das Ziel der Umkehr wird vorbildlich – und ohne theologischen Aufwand – von Kindern gelebt (10,13–16). »Das Reich Gottes anzunehmen wie ein Kind« heißt, es als Geschenk, nicht als Verdienst anzunehmen – und es sich tatsächlich ohne schlechtes Gewissen, ohne Hintergedanken, voller Freude schenken zu lassen.

Umkehr führt nach Mk 1,15 zum Glauben. Glaube »an das Evangelium« ist das Vertrauen darauf, dass Gott seine Herrschaft tatsächlich durch Jesus Christus, seinen Sohn, nahekommen lässt und vollenden wird. Dieses Vertrauen ist vor allem dann gefragt, wenn in Krisen alles dagegen spricht. Deshalb sind es bei Markus immer wieder zu Heilungsgeschichten werdende Krankengeschichten, die erzählen, was Glaube bedeutet:

- Widerstände zu überwinden, seien es die Mauern eines Hauses (Mk 2,5 [7. S.i.Jk.]) oder die Mauern des Schweigens (Mk 10,46–52 [30. S.i.Jk.]), des eigenen Zweifels (Mk 9,14–29) oder der eigenen Angst (Mk 5,25–34 [13. S.i.Jk.]);

- die Nähe Jesu zu suchen, sei es mit Hilfe von Freunden (2,1–12 [7. S.i.Jk.]) oder aus eigener Energie (5,25–34 [13. S.i.Jk.]), sei es trotz eigener Behinderung (10,46–52 [30. S.i.Jk.]), sei es trotz aller Hoffnungslosigkeit (5,21–24.35–43 [13. S.i.Jk.]);
- die Hilfe Jesu zu erbitten, sei es in einer stummen Geste (Mk 5,25–34 [13. S.i.Jk.]) oder einem förmlichen Flehen (5,21–24.35–43 [13. S.i.Jk.]), sei es in einem bittenden Bekenntnis (10,46–52 [30 S.i.Jk.]) oder einem verzweifelten Schrei (9,14–29).

Der Glaube integriert im Vertrauen auf Gottes Handeln das Bekenntnis zu Jesus Christus als Sohn Gottes.

- Wer glaubt, bekennt, was der heidnische Hauptmann unter dem Kreuz ahnt (15,39 [Palmsonntag]): Der Mensch Jesus, der Gekreuzigte, ist Gottes Sohn.
- Wer glaubt, bejaht, was Petrus in Caesarea Philippi sagt: »Du bist der Christus«, der Messias (Mk 8,29 [24. S.i.Jk.]) – aber er widerspricht nicht, dass Jesus ins Leiden geht, sondern weiß, dass er gerade als der Gekreuzigte der messianische König Israels ist, wie es der Kreuzestitulus anzeigt (15,26).
- Wer glaubt, betont, was die Syrophönizierin sagt, da sie Jesus überzeugt, ihrer Tochter zu helfen, obwohl sie keine Jüdin ist: Er ist der Kyrios, der »Herr«, der mehr als genug Gnade zu verschenken hat (Mk 7,24–30).
- Wer glaubt, weiß, weshalb Bartimäus Hilfe gefunden hat: Jesus ist der Davidssohn, der sich der Armen erbarmt (Mk 10,46–52 [30. S.i.Jk.]), weil er der Gottessohn ist, den Gott zur Verwirklichung der Gottesherrschaft gesandt (Mk 1,9–15) und nach seiner Auferweckung zu seiner Rechten erhöht hat (Mk 12,35ff).

Jesus kann man deshalb Vertrauen schenken, weil er der Gottessohn ist, durch den Gott seine Herrschaft nahebringt, durch dessen Tod er Sühne für die Sünden leistet und durch dessen Auferweckung er ihm Anteil an seiner Allmacht gibt. Umgekehrt kann sich zu Jesus nur bekennen, wer sich auf den Weg der Kreuzesnachfolge macht: voller Vertrauen, dass es der Weg des Heiles ist, auch wenn er über Golgotha führt.

Vor allem die Wundergeschichten zeigen, weshalb man Jesus glauben kann: weil er durch seine menschliche Zuwendung und durch die Inanspruchnahme seiner von Gott verliehenen Vollmacht den Kranken und den Besessenen mit Leib und Seele die Gnade der Gottesherrschaft vermittelt. Er ist der »Arzt« der Kranken (2,17), der »Hirt« einer schutzlosen Herde (6,34 [16. S.i.Jk.]), der »Herr« (7,28), der »alles gut gemacht hat« (7,37 [23. S.i.Jk.]), der »Davidssohn«, der sich der Notleidenden erbarmt (10,47f [30. S.i.Jk.]).

Die Sprache des Glaubens ist das Gebet. Getragen von der Bereitschaft, die Schuld des Nächsten zu vergeben, und bestimmt vom Vertrauen in die kraftvolle Gnade Gottes, kann es Berge versetzen, d.h. eine so große Macht gewinnen, dass es die Erfahrung der Gottesherrschaft vermittelt, die alle festgefügten Vorstellungen ins Wanken bringt und alle Sehnsüchte übersteigt (11,22–25).

(2) Nachfolge

Der Weg des Glaubens ist die Nachfolge (1,14f.16–20 [3. S.i.Jk.]). Für Markus steht dieser Weg nicht nur einigen wenigen Auserwählten offen, sondern allen Christen, besonders jenen, die an der Sendungsvollmacht Jesu teilhaben (6,6b–13 [15. S.i.Jk.]). Nachfolge ist gekennzeichnet durch die Bereitschaft, von Jesus zu lernen und um Jesu und des Evangeliums willen auch Konfliktsituationen und Benachteiligungen nicht zu scheuen (8,38; 10,29f [28. S.i.Jk.]). In einer Umwelt, die den Gemeinden mit Misstrauen und Feindschaft begegnet, ist auch der Weg der Jünger der Weg der Kreuzesnachfolge (8,34–38 [24. S.i.Jk.]) – und das Leiden im Dienst der Gottesherrschaft wird selbst zu einer tiefen Glaubenserfahrung.

Der Blick auf die Jünger[9] zeigt aber auch in aller Klarheit, wie lang und beschwerlich der Weg des Glaubens ist, wie viele Höhen und Tiefen er kennt, wie wenig er vor Versagen und Schuld, Zweifel und Resignation gefeit ist. Petrus liefert das deutlichste Beispiel. Zum Jünger berufen (1,16–20 [3. S.i.Jk.]), zum Mitglied des Zwölferkreises bestellt (3,13–19), zum vollmächtigen Verkündigungsdienst ausgesendet (6,6b–13 [15. S.i.Jk.]), bekennt er zwar die Messianität Jesu (8,30), widerspricht aber der Leidensankündigung (8,31f [24. S.i.Jk.]) und versagt trotz seines großen Versprechens (14,29) in der Stunde der Passion (14,66–72); er sagt sich von Jesus los (Mk 14,72: »Ich kenne diesen Menschen nicht!«) – und wird doch von Jesus nicht fallengelassen, sondern durch die österliche Erscheinung neu in die Nachfolge gerufen (14,28; 16,7 [Osternacht]).

Der Glaube wird mit der Schwachheit des menschlichen Fleisches (14,38) und der Kraft Gottes (11,22–25) konfrontiert. Wer glaubt, kann den Unglauben nicht leugnen, der tief im Herzen nistet – und dennoch durch Jesus Gott sein volles Vertrauen schenken. Die ganze Spannung von menschlichem Zweifel und göttlicher Gnade kommt im paradoxal zugespitzten Glaubensbekenntnis des Vaters zum Ausdruck, der Jesus um Heilung seines besessenen Sohnes bittet (Mk 9,24):

Ich glaube, hilf meinem Unglauben.

C. Anregungen zur Predigt

Die Christologie des Markusevangeliums ist anspruchsvoll, sie ist aber auch zugänglich. Sie stellt den Menschen Jesus von Nazareth in den Mittelpunkt und kritisiert gleichzeitig jede Verkürzung der Christologie auf eine Jesulogie; sie deutet das Sterben als heilsnotwendige Konsequenz des Lebens Jesu und kann gleichzeitig von einer Fixierung auf das Kreuz befreien; sie gibt in eindrucksvoll einfachen Worten dem Auferstehungsglauben Sprache und versieht gleichzeitig eine am Erhöhten orientierte Christusfrömmigkeit mit der nötigen Erdung. Der älteste Evangelist macht die untrennbaren Verbindungen zwischen dem Wirken und dem Leiden, dem Tod und der Auferstehung, dem Kommen und der Wiederkunft Jesu sichtbar. Deshalb kann in der Predigt über Markustexte sowohl die Sympathie der Gemeinde mit dem Wundertäter und Gleichniserzähler Jesus gestärkt werden, ohne dass sich Sentimentalitäten einstellen, als auch ein neuer Zugang zum Geheimnis des Todes wie der Auferweckung Jesu angebahnt werden, ohne dass sich fatale Sündenängste oder Triumphgefühle breitmachen.

Die größten Vermittlungs-Schwierigkeiten werden hier und da durchaus noch durch erstarrte Traditionalismen, aber immer häufiger durch einen vulgären Positivismus aufgebaut, der den Sinn für die Symbolsprache verloren hat. Das Markusevangelium hat die Kraft, diese Barrieren zu überwinden. Denn es malt Jesus nicht vor einem goldenen Hintergrund, sondern zeichnet sein Lebens-Bild mit kräftigen Farben inmitten aller kritisch-verständnislosen Fragen, die ihn vom Anfang bis zum Ende begleiten. Seine Verwandten sagen (3,21 [10. S.i.Jk.]):

Er ist verrückt!

Seine Nachbarn fragen voller Skepsis (6,2 [14. S.i.Jk.]):

Woher will er das haben?

Seine Jünger rätseln über das größte Geheimnis und den größten Anstoß des Glaubens (9,10 [2. Fastensonntag; 6. Aug.]):

Was heißt das: von den Toten auferstehen?

Seine Feinde spotten (15,31[Palmsonntag]):

Anderen hat er geholfen, sich selbst kann er nicht helfen!

Markus meint allerdings, dass man angesichts all dieser Probleme und Einwände weder zu resignieren braucht noch verstummen muss, sondern von Jesus erzählen kann, indem man ihn als den Christus zur Sprache bringt. Mehr noch: Wer die Fragen zulässt, wird Antworten erhalten, die zwar vielleicht nicht alle Fragen beseitigen, aber jedenfalls viel tiefer führen als jede bloße Abwehr des Kritischen.

Die homiletische Chance besteht darin, auf der Basis des Markusevangeliums der Gemeinde zu verkünden, welche Hoffnung ihr mit Jesus geschenkt ist. Diese Chance kann nur genutzt werden, wenn das Evangelium als Jesus-Geschichte ernst genommen wird: wenn es weder historisiert noch psychologisiert, sondern als literarisches Glaubenszeugnis eines überragenden urchristlichen Theologen gelesen wird, als ebenso facettenreiche wie zusammenhängende Gesamt-Darstellung der Person, des Wirkens und des Leidens Jesu im Lichte seiner Auferstehung.

1. Die Nähe der Gottesherrschaft

Das Markusevangelium bietet eine Vielzahl von Möglichkeiten, den Heils-Indikativ zur Sprache zu bringen. Dies ist von größter Bedeutung in einer Epoche, die seit der Aufklärung ihr theologisches Heil immer wieder in der

Moral sucht, dann aber nahezu zwangsläufig in fatalen Abgrenzungsmanövern von jüdischer Gesetzes-Frömmigkeit und religiösem wie philosophischem Ethos befangen bleibt. Ob sie politisierend oder spiritualisierend daherkommt: Die Ethisierung ist das Symptom einer inneren Auszehrung des christlichen Glaubens – so sehr der Glaube nicht nur spirituelle, sondern auch solidarische Praxis ist. Gerade weil das Traditionschristentum abbröckelt und die kulturelle Orientierungskrise sich verschärft, ist der Predigt die Aufgabe gestellt, jenseits fundamentalistischer Versuchungen den Grund des Glaubens sichtbar zu machen: ohne jede modische Anbiederung, aber in neuer Sprache; ohne jede Simplifizierung, vielmehr in der großen Einfachheit der großen Texte und Themen des Evangeliums. Es gilt, die Augen dafür zu öffnen, dass Gott sich rein aus Gnade und Barmherzigkeit entschlossen hat, angesichts der Unheilslast, die Menschen zu erdulden haben und durch ihre eigene Schuld fortwährend selbst vergrößern, einen neuen Anfang zu ermöglichen und ihnen durch Jesus die Erfahrung der Sündenvergebung (Heilung des Gelähmten: 2,5–10 [7. S.i.Jk.]) und der Befreiung (Exorzismus in Kapharnaum: 1,21–28 [4. S.i.Jk.]), der momentanen Heilung (Aussätziger: 1,40–45 [6. S.i.Jk.]) und der endgültigen Erlösung (10,45 [29. S.i.Jk.]) zu vermitteln.

1.1 Freude über Jesus

»Gottesherrschaft« ist ein Fachwort der Theologensprache.[10] In der Predigt muss es mit Inhalt gefüllt werden. Das kann durch die Jesus-Geschichten des Markus geschehen. Sie verkünden eine Frohe Botschaft: Sie vermitteln Freude darüber, dass es Jesus gibt und dass er so ist, wie es Gottes Willen, seiner Liebe und seiner Gerechtigkeit entspricht. Jesus stellt sich als Bräutigam vor, der ein rauschendes Hochzeitsfest gibt, auf dem man es sich von

Herzen gutgehen lassen darf (2,19f [8. S.i.Jk.]). Die Zeit Jesu ist Fest-Zeit, weil das Kommen der Gottesherrschaft nicht Angst macht, sondern Vertrauen schafft. Die Freude über Jesus ist kein aufgesetzter Optimismus, der über die Abgründe des Lebens hinwegsieht, sondern ein Ausdruck tiefer Dankbarkeit, die aus eigener Heils-Erfahrung und der Hoffnung auf eine alle Sehnsucht beglückend übersteigende Gottes-Begegnung wächst.

(1) Die Wundergeschichten
Große Anziehungskraft geht von Jesu Wundertaten aus.[11] Die Predigt-Aufgabe ist durch die neuere Exegese in zweierlei Hinsicht erleichtert: Zum einen ist geklärt, dass Jesus tatsächlich Heilungen vollbracht und Dämonen ausgetrieben hat; zum anderen ist geklärt, dass die meisten Wundergeschichten nicht darin aufgehen, ein einzelnes Ereignis aus dem Leben Jesu zu protokollieren, sondern ihr Ziel darin sehen, am Einzelfall das Typische der Machttaten und des gesamten Wirken Jesu Christi, des Irdischen wie des Auferstandenen, aufzuweisen. Freude über den Therapeuten und Exorzisten Jesus kann wachsen, wenn beobachtet wird, wie sorgsam er mit den Kranken (Bethsaida: 8,22–26) und Besessenen (Gerasa: 5,1–20), aber auch mit deren Angehörigen umgeht (9,14–29), wie groß seine von Gott verliehene Kraft ist, behinderten Menschen zu helfen (Bartimäus: 10,46–52 [30. S.i.Jk.]) und die Unheilsmacht des Bösen zu brechen (Besessener in Kapharnaum: 1,21–28 [4. S.i.Jk.]), wie wenig er sich um soziale und religiöse Tabus schert (Blutflüssige Frau: 5,25–34 [13. S.i.Jk.]), wie wichtig ihm körperliche und seelische Gesundung ist (Gelähmter: 2,1–12 [7. S.i.Jk.]).
Die Bedeutung der sog. »Naturwunder« erschließt sich wohl am ehesten, wenn man sie als Rettungs- resp. Geschenkwunder verkündet. Nicht dass Jesus für eine Zeit lang Naturgesetze aufgehoben hat, ist ihre Pointe; sie bringen vielmehr in erzählerischer Form, meist mit einem

dichten Gewebe alttestamentlicher Motive, die geschichtliche Glaubenserfahrung zur Sprache, dass Jesus in einer unerhörten und unüberbietbaren Weise die Schöpferkraft Gottes so zur Geltung bringt, dass er die Macht des Chaos bannt (Sturmstillung: 4,35–41 [12. S.i.Jk.]; Seewandel: 6,45–52) und in überreichem Maße den Segen der Gottesherrschaft spendet (Brotwunder: 6,30–44 [16. S.i.Jk.]; 8,1–10).

(2) Die Gleichnisse

Die Gleichnisse (4,1–34 [11. S.i.Jk.]; 12,1–12; 13,28–31 [1. Advent])[12] werden ihre Faszination am ehesten dann entwickeln, wenn sie nicht moralisiert, sondern in ihrer ursprünglichen Funktion als Bild-Geschichten des Reiches Gottes betrachtet werden. Jesus hat Gleichnisse erzählt – nicht weil die einfachen Menschen in Galiläa und Judäa zu dumm für theologische Abstraktionen gewesen wären, sondern weil die Geschichten aus dem Buch der Natur und dem Buch des Lebens die Nähe der Gottesherrschaft in alltäglichen Erfahrungen entdecken lassen und diese Alltagserfahrungen unendliche Dimensionen bekommen, weil Jesus sie in den Horizont der Gottesherrschaft stellt:

- wenn ein Bauer zunächst nur Unfruchtbarkeit sieht und am Ende doch ein wogendes Ährenfeld (4,3–9) – und dies zum Zeichen der Hoffnung wird, dass Versagen, Unverständnis und eigenes Unvermögen kein Argument gegen die kommende Vollendung der Gottesherrschaft sind, weil sie die Herrschaft *Gottes* ist;
- wenn aus dem kleinsten Samenkorn ein großer Baum wächst (Mk 4,30ff [11. S. i.Jk.]) – und dies zum Bild wird, dass Jesus gerade auf dem Weg der Gewaltlosigkeit, der Solidarität mit den Kleinen, am Ende durch sein Leiden den vollen Segen der Gottesherrschaft spendet;
- wenn ein Bauer weiß, dass er das Entscheidende beim Wachsen der Saat nicht selbst tun, sondern nur empfangen kann (Mk 4,26–29 [11. S.i.Jk.]) – und dies zum Sym-

bol für die Vorsorge, die Souveränität und Schöpferkraft Gottes als Grund aller Hoffnung auf Leben wird;

- wenn Menschen Gewalt nicht kalt lässt, aber selbst ein Mord am »geliebten« Sohn von Gott nicht zum definitiven Ende seiner Liebe, sondern zu einem definitiven Neuanfang für sein Gottesvolk gemacht wird (Mk 12,1–12);
- wenn das Knospen des Feigenbaumes zum Bild eines Lebens aus dem Tode wird, das keinen Tod mehr kennt (Mk 13,28f [1. Advent]).

Bei Markus erzählen die Gleichnisse meist Kontrastgeschichten: wie Unscheinbarkeit und Scheitern auf wunderbar natürliche oder göttliche Weise Größe und Erfolg zuwege bringen. Damit arbeiten sie negative Glaubens-Erfahrungen – Misserfolge, Resignation, Anfeindungen – auf, indem sie Vertrauen in Gottes Möglichkeit stiften, gegen alle Widerstände doch die Hoffnung der Menschen auf ewiges Leben, auf Frieden und Gerechtigkeit nicht zu enttäuschen.

(3) Die Schul- und Streitgespräche

Die Streit- und Schulgespräche können die Freude des Glaubens vermitteln, weil sie die große Souveränität Jesu zeigen, die Hauptsache von den vielen wichtigen Nebensachen zu unterscheiden und die Konsequenzen aus der epochalen Wende zur »erfüllten« Zeit (1,15) zu ziehen:

- Im Konsensgespräch mit einem Schriftgelehrten in Jerusalem kommen beide überein, dass es im Gesetz nichts wichtigeres gibt als (1.) die Gottesliebe (Dtn 6,4f) und (2.) die Nächstenliebe (Lev 19,18) – Grund zur Freude zum einen deshalb, weil wenigstens einmal in den Evangelien nicht vom Streit Jesu mit den wichtigsten Vertretern des Judentums die Rede ist, sondern von einer Übereinkunft im Wesentlichen, und zum anderen, weil Gottes- und Nächstenliebe die schlechterdings entscheidende Grundorientierung zu einem Leben in der Freiheit des Glaubens geben (12,28–34 [31. S.i.Jk.]).

- Im Streitgespräch mit »einigen Schriftgelehrten« nimmt Jesus Gottes Vorrecht der Sündenvergebung als von Gott gesandter Menschensohn in Anspruch: nicht, um seine eigene Macht zu demonstrieren, sondern um denen, die glauben, die Vergebung im Namen Gottes zuzusagen – Grund zu Freude, weil Schuld nicht versteckt, sondern Jesus (und seinen Nachfolgern) bekannt werden kann, damit sie vollmächtig vergeben wird (2,1–12 [7. S.i.Jk.]).
- Im Streitgespräch mit Pharisäern und später in Konfrontation mit Synagogenbesuchern über das, was man am Sabbat tun darf und lassen muss, schafft Jesus nicht etwa den Tag Gottes ab, aber gibt ihm seinen ursprünglichen Sinn zurück (2,23 – 3,6 [9. S.i.Jk.]):

  Der Sabbat ist für den Menschen da,
  nicht der Mensch für den Sabbat (2,27).

- Im Disput mit Pharisäern und Schriftgelehrten macht Jesus sich dafür stark, dass die Frage, ob ein Mensch rein oder unrein ist, nicht davon abhängt, ob er bestimmte Reinheitsvorschriften einhält, sondern davon, wie er lebt: wie es in seinem Inneren aussieht (7,1–23 [22. S.i.Jk.]).
- In der Diskussion mit Pharisäern über die Erlaubnis der Ehescheidung setzt Jesus sich dafür ein, dass einem Mann nicht erlaubt wird, seiner Frau einen Scheidungsbrief auszustellen, sondern dass beide nach Gottes Willen zusammenbleiben (10,2–12 [27. S.i.Jk.]).
- In der Kritik seiner Jünger stellt Jesus sich auf die Seite der Kinder und öffnet ihnen den Zugang zum Reich Gottes (10,13–16 [27. S.i.Jk.]).
- Im Streitgespräch mit einigen Pharisäern und Anhängern des Herodes Antipas über die Steuerpflicht macht Jesus sich weder zum Büttel des Kaisers noch zum An-

walt der Zeloten, sondern rückt die Verhältnisse zurecht (Mk 12,13–17):

> Gebt dem Kaiser, was des Kaisers,
> aber Gott, was Gottes ist (12,17) .

- In Konfrontation mit den Sadduzäern nimmt Jesus Partei für die Trauernden, die sich mit dem Tod nicht abfinden können, und gewinnt der Offenbarung Gottes im brennenden Dornbusch (Ex 3,6.14) die Hoffnung auf die Auferstehung von den Toten ab (12,18–27):

  > Gott ist kein Gott der Toten, sondern der Lebenden (12,27).

  Dies ist ein tief im Judentum verwurzelter Kernsatz der Gottesverkündigung Jesu, ohne den weder seine Reich-Gottes-Botschaft verstanden werden kann noch seine Bereitschaft, in den Tod zu gehen, und seine Hoffnung auf die Auferstehung von den Toten.
- In Absetzung von Schriftgelehrten tritt Jesus dafür ein, dass der Messias nicht »nur« der Davidssohn ist, sondern der Gottessohn sein muss, weil Gott ihn zu seiner Rechten erhöhen wird, wie aus Ps 110 abgeleitet wird (12,35ff).

(4) Die Passionsgeschichte

Die Passionsgeschichte vermittelt gerade in der großen Eindringlichkeit der markinischen Darstellung Mitleid mit dem unschuldigen Opfer und Trauer um den getöteten Gottessohn. Auf eine sehr tiefe Weise begründet sie aber auch Freude über Jesus:

- dass er sich treu geblieben ist;
- dass er an der Seite der unschuldig Verfolgten, der Ohnmächtigen und Verzweifelten steht;
- dass er »für« die Menschen gestorben ist (14,23f [Palmsonntag]), wie er für sie gelebt hat (10,45 [29. S.i.Jk.]);
- dass sein Sterben den Unheilszusammenhang der Sünde aufbricht (10,45; 14,23f), ja den Tod ins Leben verwandelt (14,25);

- dass Gott ihn von den Toten auferweckt und zu seiner Rechten erhöht hat, damit er nun den Seinen auf ihren Wegen der Nachfolge »vorangeht« (14,28; 16,7 [Osternacht]).

(5) Heils-Erfahrungen

Was den irdischen Jesus ausgezeichnet hat, prägt auch den auferstandenen. Die Gnade der Gottesherrschaft, die er durch seine Wunder, seine Gleichnisse, seine Streit- und Schulgespräche, zuhöchst und einzigartig durch sein Sterben vermittelt hat, ist nicht nur eine schöne Erinnerung, sondern dank seiner Auferweckung und Erhöhung eine gegenwärtige Wirklichkeit. In der Arbeit der Kirche kommt es nicht darauf an, sie mühsam herzustellen, sondern sie wahrzunehmen, anzusprechen und fruchtbar werden zu lassen:

- wenn es Kranken besser geht, weil sie menschliche Zuwendung im Geist Jesu erfahren;
- wenn Menschen sich entlastet wissen, weil sie im Namen Jesu von ihrer Schuld losgesprochen sind;
- wenn Eltern hoffen dürfen, dass ihr Kind, wie auch immer es sich entwickeln wird, von Jesus nicht zurückgestoßen, sondern angenommen wird;
- wenn Christen einen Gottesdienst feiern, der sie die Gegenwart Jesu ahnen lässt;
- wenn Suchende und Fragende durch die Orientierung am Evangelium Klarheit über den Weg ihres Lebens erlangen;
- wenn Glaubenden und Zweifelnden das Herz geweitet wird, weil ihnen ein Bild, eine Melodie, eine Geschichte, ein Gedanke etwas vom göttlichen Geheimnis des Lebens aufgehen lässt;
- wenn Trauernde zu glauben wagen, dass durch Jesus die Liebe stärker ist als der Tod.

Die Kunst der Predigt besteht weniger in der rhetorischen Beschwörung solcher Erfahrungen, die am Ende den

Druck entstehen lässt, sich über Jesus freuen zu müssen, als in der Sensibilisierung für erfahrene und ersehnte Gnade, die Kraft verleiht, sich über Jesus freuen zu können.

1.2 Irritationen durch Jesus

Der Jesus des Markusevangeliums ist trotz der hohen Sympathiewerte, die er verbuchen kann, nicht »der gute Mensch« von Nazareth, der allen Wohl und niemand Wehe ist; und er ist trotz der hohen Autorität, die ihm eignet, kein Despot, der den Menschen Gottes Willen aufzwingt. Er ist ein Prophet (Mk 6,1–6a [14. S.i.Jk.]), der jede Verkrustung hartherziger Glaubensstrenge aufbricht und jeden Sumpf weitschweifiger Vielmeinerei trockenlegt. Er ist ein Mann, der jedes Bild sprengt, weil er auf unvergleichliche Weise in der Menschen-Welt, genauer: im Gottesvolk Israel die Sache Gottes vertritt.
Gegenwärtig scheint für viele ein weiches Jesus-Bild aus zarten Pastellfarben besonders anziehend – als Kontrastbild zum strengen Richter und übermächtigen Herrn gewiss wohltuend, als Abbild der vielen freundlichen Züge im Leben Jesu vielleicht auch geeignet, aber als Wiedergabe des Gekreuzigten untauglich und als Gesamtbild Jesu kitschig. Wo sich sanfte Selbstzufriedenheit in den Glauben einer Gemeinde eingenistet hat und verbindliche Harmlosigkeit triumphiert, tut die Erinnerung an harte Jesus-Worte Not, die den Ernst der Entscheidung (9,42–50 [26. S.i.Jk.]), die Schwierigkeit der Nachfolge (8,34–38 [24. S.i.Jk.]), die Unausweichlichkeit des Kreuzesleidens (8,31 [24. S.i.Jk.]; 9,31 [25. S.i.Jk.]), die Gerechtigkeit des Jüngsten Gerichtes (13,24–27 [1. Advent; 33. S.i.Jk.]) vor Augen stellen – nicht um die pastoralen Daumenschrauben anzuziehen, sondern um größere Ehrlichkeit im Umgang mit Jesus und größeren Tiefgang in der Spiritualität zu gewinnen.
Umgekehrt wird aber auch jene scheinbar rechtgläubige

Christologie irritiert, die sich mit der Menschlichkeit Jesu schwer tut – im doppelten Sinn des Wortes: sowohl mit der Tatsache, dass Jesus von Nazareth als Mensch unter Menschen gelebt und als Gekreuzigter unter Verbrechern hingerichtet worden ist, als auch mit der Tatsache, dass Jesus sich die Freiheit genommen hat, heilige Grenzen zu verletzen, wenn er nicht anders den Menschen helfen konnte (3,1–6 [9. S.i.Jk.]; 5,25–34), und ihnen von sich aus, ohne jede Vorleistung, die Möglichkeit eines neuen Anfangs zu gewähren, wenn anders ihre Schuld nicht vergeben werden konnte (2,13–17).

Jesus ist ein naher Freund – und ein fremder Gast: ein naher Freund nicht, weil wir in der Lage wären, ihn zu verstehen, sondern weil er in der Lage ist, uns zu verstehen; und ein fremder Gast nicht, weil er sich von uns distanzierte, sondern weil wir uns von ihm distanzieren. Das Markusevangelium, das sich so stark mit christologischen Problemen beschäftigt, verschafft die Möglichkeit, diese Spannung auszuhalten und fruchtbar werden zu lassen:

- Jesus ist der Freund der Sünder, der sie allein auf ihre Hoffnung hin in seine Gemeinschaft aufnimmt (2,13–17), und der Welten-Richter (8,38; 13,24–27 [1. Advent; 33. S.i.Jk.]; 14,61f [Palmsonntag]), der das Recht der Opfer gegenüber den Tätern geltend macht. Er kann den Sündern nur Freund sein, weil er gerecht ist; alles andere liefe auf eine Banalisierung der Schuld und einen Verrat an den Opfern hinaus. Er kann aber auch nur gerecht sein, weil er die Sünder liebt; alles andere liefe auf eine menschliche Einschränkung der Gnadenmacht Gott hinaus.
- Jesus ist der Heiland, der kommt, um die Kranken gesund zu machen (2,17), und der Herr, der mit äußerstem Ernst in die Nachfolge ruft (8,34–38 [24. S.i.Jk.]; 10,17–21 [28. S.i.Jk.]). Heilen kann er nur, weil er Macht hat, das Böse und den Tod zu besiegen und das Leben der Gottesherrschaft entstehen zu lassen; zur Nachfolge

rufen kann er nur, weil er den Sündern entgegenkommt, um ihnen die Wirklichkeit der Gottesherrschaft nahezubringen. Die Bartimäus-Geschichte bringt beides zusammen: die Autorität und die Liebe des Davidssohnes, die Heilung und die Nachfolge (10,46–52 [30. S.i.Jk.]).

- Jesus ist der Lehrer, der auf gewinnende Art den Weg des Lebens weist (10,17–21 [28. S.i.Jk.]), und der Meister, der hart mit dem Unverständnis (8,32f [24. S.i.Jk.]) und dem Anspruchsdenken (10,35–45 [29. S.i.Jk.]) seiner Jünger ins Gericht geht. Er kann die Bereitschaft, Gottes Willen zu tun, nur fördern, weil er Schuld und Sünde in aller Klarheit anspricht, zumal wenn sie sich fromm verbrämen; und er kritisiert menschliches Versagen nicht, um zu erniedrigen, sondern um die Heils-Wahrheit Gottes (vgl. 12,32) zur Geltung zu bringen.
- Jesus ist der Gottessohn, dessen bleibende Verbundenheit mit dem Vater die Verklärung auf dem Berg offenbart (9,2–8 [2. Fastensonntag; 5. Aug.]), und der Gottesknecht, dessen Blut »für die Vielen vergossen« wird (14,24 [Palmsonntag; Fronleichnam]). Seine Verbundenheit mit dem Vater erweist sich letztgültig in der freiwilligen Übernahme des Leidens, das er von Gott als Heils-Dienst an den Menschen verstanden wissen will (10,45 [29. S.i.Jk.]); und sein Tod hat Heilsbedeutung nur deshalb, weil er der »geliebte Sohn« Gottes ist (1,11 [Taufe des Herrn]; 9,7 [2. Fastensonntag; 6. Aug.]).

Markus-Predigten haben durch das Lesejahr hindurch die Möglichkeit, im Blick auf die Gottesdienst-Gemeinde die Akzente so zu setzen, dass Einseitigkeiten vermieden, Defizite ausgeglichen und positive Glaubens-Ansätze gestärkt werden.

1.3 Faszination von Gott

Jesus ist das große Thema des Markusevangeliums. Aber das große Thema Jesu ist Gott.[13] Die Anziehungskraft, die von Jesus ausgeht, und die heilsamen Irritationen, die er schafft, dienen dazu, die Faszination wachsen zu lassen, die Gott vermittelt. Markus setzt das alttestamentliche Gottes-Zeugnis in seiner Gesamtheit als Grundlage des jesuanischen Evangeliums voraus, freilich mit charakteristischer Akzentsetzung – auch beim Gesetzgeber (7,1–23 [22. S.i.Jk.]), aber mehr noch beim Schöpfer (10,6–9 [27. S.i.Jk.]), Versöhner (Gebetslehre: 11,25) und Vollender (Auferstehungsdebatte: 12,18–27). Jesu Reich-Gottes-Verkündigung ist das von Gott selbst gewählte Mittel, den Gottesglauben neu zu vitalisieren (11,22–25) und auch unter den Heiden zu verbreiten (13,10). Das Markusevangelium liefert die Basis für eine faszinierende Gottes-Predigt, weil es die Präsenz des Vaters Jesu sowohl im Leiden als auch in der Freude der Menschen zeigt, sowohl in den »Mühen der Ebene« (Erich Loest), die viele Energiereserven zu erschöpfen drohen, als auch in den Sternstunden des Lebens, deren Glanz weithin ausstrahlt.

- Gott ist der Eine und Einzige (Mk 12,29.32: Dtn 6,4f [31. S.i.Jk.]) – nicht im Sinne eines formal bleibenden Monotheismus, sondern im Sinne der Bibel Israels als Gott der Geschichte und im Sinne Jesu als Gott der »Königsherrschaft«, deren Nähe die Welt auf die Zukunft des Gottesreiches hin verwandelt.
- Gott ist der »Gott Abrahams und der Gott Isaaks und der Gott Jakobs« (12,26) – nicht im Sinne eines Gegensatzes zum »Gott der Philosophen« (Blaise Pascal), sondern im Sinne der Bibel Israels als treuer Gott des Bundes und im Sinne Jesu als »Gott ... der Lebenden«, der den Tod überwindet (12,27).
- Gott ist der allein »gute« (10,18 [28. S.i.Jk.]) – nicht im Sinne eines »humanen« All-Begütigers, sondern im Sinn der Bibel Israels als Gesetz-Geber, der die Zehn Gebote erlassen hat (10,19f), und im Sinne Jesu als Schöpfer und Erlöser, der seine ganze Macht einsetzt, um menschlicher Schwachheit aufzuhelfen (10,27).

• Gott ist der »Abba«, der »Vater« Jesu (14,36 [Palmsonntag]) und als solcher der Vater der (weiblichen und männlichen) Jünger Jesu (11,25) – nicht im Sinne eines mythischen Über-Ich, sondern im Sinne der Bibel Israels als Erzeuger und Erzieher seines Volkes und im Sinne Jesu als leidenschaftlich mit dem Geschick seines Sohnes Verbundener (1,11; 9,7; 14,36; 15,34), der die Größe und Liebe hat, Schuld zu vergeben, wann immer er darum gebeten wird (11,25).

Faszination geht vom Gott Jesu aus, weil er sich als der »ganz Andere«, der »je Größere« so offenbart, dass er inmitten menschlicher Lebens-Geschichten, nicht zuletzt inmitten unmenschlichen Leidens seine schöpferische Kraft entfaltet: tröstend, heilend, verwandelnd, richtend und weit mehr noch rettend.

2. Der Weg des Glaubens

Gegenwärtiger Glaube, gerade junger Leute, tut sich schwer mit Verbindlichkeit, Entschiedenheit und Konsequenz. Aber er ist offen für neue Eindrücke, empfindlich gegen Ungerechtigkeit, sensibel für Wahrhaftigkeit. Die Predigt hat bei den Gottesdienstteilnehmern aller Altersgruppen heute weniger als früher mit vorbehaltloser Zustimmungsbereitschaft zum Wort des Amtsträgers, aber auch weniger mit innerer Emigration zu rechnen, dafür sowohl mit einem gravierenden Schwund tradierten Glaubenswissens als auch mit der Erwartung einer theologisch kompetenten und geistig anregenden Homilie im Rahmen einer spirituellen Liturgie. Viele Christen, die in einem engen kirchlichen Milieu sozialisiert worden sind, suchen nach neuen Formen und nach neuer Motivation der Zugehörigkeit zur Christengemeinde. Jüngere Christen hingegen haben in den seltensten Fällen eine rigide Sexualmoral, eine herrische »Amtskirche«, eine drückend dominan-

te Katholizität kennengelernt. Viele von ihnen sind religiös obdachlos; die wenigsten identifizieren sich voll mit der Kirche und der Gemeinde; einige machen unter Vorbehalt mit; nicht wenige sind bereit, sich zu engagieren – mit hohem Einsatz, aber erlebnisorientiert, projektbezogen und auf Zeit.
Auf der Basis des Markusevangeliums lässt sich durch das Lesejahr hindurch ein Weg des Glaubens markieren, der die Suche nach Orientierungswissen mit der Freiheit der Christenmenschen vereinbart, sich keinen noch so frommen Illusionen über gelebtes Christsein hingibt und Zugehörigkeit zur Kirche durch das Ausstellen und Austeilen des großen Glaubens-Schatzes stiftet, den die Bibel enthält.

2.1 Der Zuspruch und Anspruch des Evangeliums

Bisweilen ist es eine Generationenfrage: Viele ältere Christen können kaum etwas anderes hören als den Primat der Gnade, das Zuvorkommende der Liebe Gottes, die Unbedingtheit seiner Versöhnungsbereitschaft. Die Rede von Hölle und Gericht, von Opfer und Sühne löst allergische Reaktionen aus. Gleichzeitig wird der Zuspruch des Evangeliums eher in menschlicher Wärme, in erfahrener Zuwendung, in persönlicher Wertschätzung und Anerkennung gesucht und gefunden. Bei vielen jüngeren Christen hingegen gibt es teils eine Verdrängung der »belasteten« Themen, teils eine größere Unbefangenheit ihnen gegenüber, freilich eine nicht geringere Sehnsucht nach Annahme und Geborgenheit, gerade auch im Religiösen – und tiefsitzende Reserven gegen Bevormundung und Gängelung.
Die geistige Bewegung, die in diesen Symptomen ihren ambivalenten Ausdruck findet, verlangt nach einer Neubesinnung auf die biblische Theologie und ihre organische Verbindung zwischen dem Zuspruch und dem Anspruch des Evangeliums.

Mit Markus kann auf der einen Seite der »Indikativ« des Heilshandelns Gottes als eine so intensive Gnadenwirklichkeit erschlossen werden, dass die Konsequenzen für das Denken und Handeln nicht als dickes Ende der frohen Botschaft erscheinen, sondern als zwar anspruchsvolle und nicht selten schwere, im Grunde aber weiterführende, hilfreiche, aufbauende Handlungsmöglichkeiten, die wahrzunehmen Leben gewinnen und die auszuschlagen Leben verlieren lässt (8,35 [24. S.i.Jk.]).

- Wer wie die blutflüssige Frau erfahren hat, wie aufmerksam und wirkmächtig Jesus sich der eigenen Person zuwendet, kann ihm »die ganze Wahrheit sagen« (5,33 [13. S.i.Jk.])[14] – und es dann vielleicht auch wagen, wenn ihr eine solche Begegnung nur vom Hörensagen bekannt ist.
- Wer wie der blinde Bartimäus erfahren hat, dass Jesus sich anrufen lässt, stehen bleibt und hilft, kann die Kraft finden, nicht nur dankbar zu sein, sondern auch Jesus nachzufolgen (10,46–52 [30. S.i.Jk.]) – und sich womöglich auch dann bereit finden, wenn er sich nur mit der markinischen Geschichte befasst.
- Wer wie der verständige Schriftgelehrte Jesus genau zuhört und ihn versteht, dass alles auf die Gottes- und Nächstenliebe ankommt, ist »nicht weit vom Reiche Gottes«, auch wenn er nicht sogleich in die Jüngerschaft eintreten mag (12,28–34 [31. S.i.Jk.]).

Auf der anderen Seite kann vom Markusevangelium her der »Imperativ« als eine so verlockende Alternative zum Trott der Alltäglichkeit, aber auch zu enthusiastischen Überspanntheiten und rigoristischen Engführungen erscheinen, dass auf dem Weg des Glaubens zugleich die Frohe Botschaft selbst entdeckt wird.

- Auf das massive Unverständnis der Jünger gegenüber der Leidensankündigung reagiert Jesus dreimal mit dem Ruf in die Kreuzesnachfolge – nicht um lästige Fragen abzuwehren, sondern weil nur so Einsicht in das Leidens- und Heils-Geschick des Menschensohnes wachsen kann (8,31–38 [24. S.i.Jk.]; 9,30–37 [25. S.i.Jk.]; 10,32–45 [29.S.i.Jk.]).

- Wer hingegen wie der Reiche zwar guten Willens zu Jesus kommt, aber sich weigert, die ihm von Jesus zugesagte Nachfolge-Gemeinschaft anzunehmen, verfehlt voll Traurigkeit die Chance seines Lebens (10,17–22 [28.S.i.Jk.]).

Das Gefälle vom Indikativ zum Imperativ darf in der Predigt nicht umgedreht werden. Umkehr und Glaube sind nicht Bedingungen für das Kommen der Gottesherrschaft, sondern deren Nähe erfordert, erweckt und ermöglicht den Glauben an das Evangelium (1,15 [1. Fastensonntag; 3. S.i.Jk.]). Umgekehrt darf die Heils-Botschaft nicht dadurch entwertet werden, dass sie nur als Heils-Angebot betrachtet wird, das man folgenlos annehmen oder ausschlagen könnte. Es sind sowohl die faszinierenden Aussichten geglückten (nicht immer glücklichen) als auch die katastrophalen Aussichten verfehlten (womöglich erfolgreichen) Lebens, die Jesus bestimmen, mit allem Nachdruck das Recht Gottes geltend zu machen: nicht nur in seinem sündenvergebenden und neu-schöpferischen Zuspruch, sondern eben deshalb auch in seinem einladenden und herausfordernden Anspruch.

2.2 Sensibilität für Gott und den Nächsten

Das Doppelgebot der Gottes- und Nächstenliebe stellt Markus mit großem Bedacht an den Schluss der Jerusalemer Streitgespräche (12,28–34 [31. S.i.Jk.]).[15] Darauf zielt der ganze Anspruch Jesu: dass die Liebe zu Gott wächst und in Verbindung damit die Liebe zum Nächsten. Den Predigten des Markus-Jahres wird dadurch eine wichtige Leitlinie vorgezeichnet.

Gegenwärtig paaren sich neue Lust auf Religion und große Unklarheit im Gottesbild. Die Erfahrung des Transzendenten wird, in welchen Surrogaten auch immer, als Katalysator der Lebensqualität gesucht. Diese Funktionalisierung des Religiösen setzt eine kompilatorische Frömmigkeit voraus: die aus einem großen Angebot konkurrierender Sinn-Systeme auswählt und kombiniert, was zur eigenen Person zu passen und das individuelle Leben zu steigern scheint. Das Ergebnis ist freilich in der Regel eine moralisch-spirituelle Überforderung, verbunden mit dem Verdunsten der biblischen Glaubens-Tradition.

Erforderlich scheint deshalb in der Predigt eine neue Elementarisierung des Evangeliums. Es kommt darauf an, die zentralen Gottes-Aussagen wieder und neu zu erschließen und dadurch gleichzeitig die Faszination zu vermitteln, die vom Gott Jesu ausgeht: um zu zeigen, dass die Menschen, wenn sie auf der Suche nach Sinn, nach Anerkennung, nach Bedeutung in die verschiedensten Richtungen gehen, eben das suchen, was sie nur bei Gott selbst finden können.

Eine neue Beziehung zu Gott kann aber nur dann gestiftet werden, wenn in der Predigt seine hellen und seine dunklen Seiten, seine Offenbarung und seine Verborgenheit zur Sprache kommen; denn nur dann lassen sich die vielen Lebensgeschichten der Menschen in ihrer Freude und ihrer Trauer, ihrer Freiheit und ihrer Tragik, ihrer Güte und ihrer Schuld ins Licht des Gottesglaubens Jesu stellen.

- Nur weil Gott groß ist, kann er nahe sein – und seine Nähe zu den Menschen ist seine Größe. Gottes Liebe ist seine ganze Macht, und seine ganze Macht ist Liebe. Das wird nicht zuletzt in den Wundergeschichten des Markusevangeliums deutlich: In deren Zentrum steht immer die körperliche und geistliche Zuwendung Jesu, des Boten Gottes, zu den Hilfsbedürftigen. Der traditionelle »Chorschluss« hält den Eindruck der Zuschauer von der Größe des durch Gott ermöglichten Heilsgeschehens fest (z.B. Mk 1,27; 2,12; 5,19f; 7,37). Freilich sprechen die markinischen Wundergeschichten auch immer wieder vom Rückzug Jesu – der auf wunderbare Weise Gottes heilschaffende Nähe nur deshalb vermitteln kann, weil er immer wieder die Rückbindung an Gott sucht und seinen Wirkungskreis ausweitet (1,35–39 [5. S.i.Jk.]).

- Das Verständnis für Gottes Recht, menschliches Leben in all seinen persönlichen, spirituellen und sozialen Dimensionen zu beanspruchen, kann in der Beschäftigung mit Jesu Streit- und Schulgesprächen wachsen: weil sie zeigen, dass es gerade die Bejahung des Gott-Seins Gottes, seiner Gerechtigkeit und seines Anspruchs auf menschlichen Gehorsam ist, die ethisch hilfreiche und glaubwürdige Lebens-Wege vorzeichnet: sei es in der Gemeinschaft der Eheleute und der Annahme von Kindern (10,2–12.13–16 [27. S.i.Jk.]), sei es im Politischen (Steuerfrage: Mk 12,13–17), sei es im Kirchlichen (10,35–45 [29. S.i.Jk.]).
- Das Wissen um die Verborgenheit Gottes vermittelt vor allem die Passionsgeschichte (15,34), zeigt sich dort aber als Ausdruck des Mit-Leidens Gottes mit seinem Sohn und ist mithin die Kehrseite seiner end-gültigen Selbstoffenbarung in der Auferweckung Jesu (16,7f [Osternacht]).

Die Sensibilisierung für das Recht Gottes muss mit der Sensibilisierung für das Recht des Nächsten einhergehen, weil Gott dessen gerechte Sache vertritt. Der Gegenpol zur Nächstenliebe, der Egoismus, ist heute kaum stärker als früher, hat aber mehr Möglichkeiten, sich auszuleben. Während in früheren Zeiten über der Predigt christlicher Nächstenliebe der lange Schatten einer Demuts-Ideologie lag, die Ich-Stärke und Freiheit denunzierte, wird gegenwärtig im Zeichen eines vulgarisierten Psychologismus die Selbstliebe immer wieder geradezu als Voraussetzung der Nächstenliebe hingestellt – so als ob die Bejahung des Nächsten nicht der Weg der Selbst-Findung wäre und die dankbare Wahrnehmung der Liebe Gottes zur eigenen

Person nicht die Bereitschaft begründete, in der Teilhabe an der Demut Jesu dem Nächsten zu dienen.
Das Markusevangelium hilft zu erkennen, was Menschen an Liebe brauchen, welche Hindernisse sich der Liebe in den Weg stellen und wie diese Barrieren überwunden werden können.

- Das Wichtigste sagt Jesus ganz zu Beginn: Worauf die Menschen, ob sie es wahrhaben wollen oder nicht, vor allem angewiesen sind, ist die alles erneuernde Kraft Gottes selbst, die durch das Nahekommen seiner Herrschaft entwickelt wird (1,14f [1. Fastensonntag; 3. S.i.Jk.]). Die Wundergeschichten illustrieren, dass dieses Heil der Gottesherrschaft nicht spiritualisiert oder moralisiert werden darf, sondern sich in leiblicher, geistiger und seelischer Gesundung zu erweisen vermag – und dass überall, wo solche Erfahrungen gemacht werden, ein Vorschein des Reiches Gottes sichtbar wird. Die Streit- und Schulgespräche variieren das Grundmotiv, dass es gerade die besten Vorsätze und Absichten sind, die zur Verzerrung des Willens Gottes führen – wenn sie die Augen nicht für die Neuheit des Handelns Gottes in Jesus öffnen. Die Passionsgeschichte führt vor Augen, wie wenig die Menschen sich selbst retten können und wie sehr sie um ihres Heiles darauf angewiesen sind, dass Jesus, der als Mensch Gottes Sohn und als Gottessohn Mensch ist (15,39), für sie eintritt und stellvertretend ihre Schuld auf sich nimmt (Abendmahl: 14,22–25).
- Was der Durchsetzung der Herrschaft Gottes vor allem im Wege steht, bringen im Horizont mythischer Welterfahrung die Exorzismuserzählungen zum Ausdruck. Die Dämonen symbolisieren jene überindividuellen Entfremdungsmächte, unter denen Menschen jenseits individueller Schuld zu leiden haben. Jesus, der den Dämonen zu schweigen und die von ihnen gequälten Menschen zu verlassen gebietet, bricht die Unheilsmacht Satans, dessen Agenten die Dämonen sind (3,22–27

[10.S.i.Jk.]). Was die Menschen aus freien Stücken der Herrschaft Gottes in den Weg stellen, ist ihre Sünde – dort besonders unheilvoll, wo im Namen Gottes und der Gerechtigkeit das Recht Gottes und des Nächsten gebeugt wird. Indem Jesus als bevollmächtigter Menschensohn auf Erden Sünden vergibt (2,10 [7. S.i.Jk.]) und diesen Dienst durch seinen Erlösungstod (10,45; 14,22ff) verifiziert, nimmt er diese Last, ohne sie künstlich zu verkleinern, aus Gnade den Menschen ab.

2.3 Gestalten und Tugenden des Glaubens

Der Weg des Glaubens wird im Markusevangelium durch eine Reihe von vorbildlichen und nachdenklich machenden Gestalten gesäumt, die bestimmte Tugenden des Glaubens personifizieren und vom Evangelisten als Identifikationsfiguren für recht unterschiedliche biographische und soziale Situationen angeboten werden:

- die Jünger, in denen Christenmenschen ihre eigene Begeisterung für Jesus (Berufung: 1,16–20), ihr Staunen über seine Präsenz (Sturmstillung: 4,35–41 [12.S.i.Jk.]), ihre Mit-Verantwortung für die Verkündigung des Evangeliums (Aussendung: 6,6b–13 [15. S.i.Jk.]), ihr Bekenntnis zum Messias (8,27–30 [24. S.i.Jk.]), aber auch ihre Schwäche (Getsemani: 14,32–42), ihr Versagen (14,50.66–72 [Palmsonntag]) und ihr neues Angenommensein von Jesus (14,28; 16,7 [Osternacht]) wiedererkennen können;
- die Kranken und deren Angehörige, in denen Christenmenschen ihre eigene Not und Sorge gespiegelt finden, aber auch die Zusage, dass ihnen geholfen werden kann und dass sie letztendlich gerettet werden, sei es auch durchs Sterben hindurch (Jairus: 5,21–24.35–42 [13. S.i.Jk.]);
- der Vater des kranken Jungen, der seine ganze Not, seinen Mut der Verzweiflung in die Bitte an Jesus um Hei-

lung legt, obgleich seine Jünger vorher gescheitert sind und er selbst kaum glauben kann, dass Jesus hilft (Mk 9,14–29);

- die arme Witwe (12,41–44 [32. S.i.Jk.]), in der Christenmenschen ihre eigene Armseligkeit im Festhalten des Besitzes und ihre eigene Sehnsucht nach Großzügigkeit und Ganz-Hingabe sehen können;
- die bei Markus anonym bleibende, später mit Maria Magdalena und der Sünderin von Lk 7,36–50 identifizierte Frau aus Bethanien (14,3–9 [Palmsonntag]), die Jesus mit kostbarem Öl salbt und die damit Christenmenschen nicht nur zum Vorbild wird, Jesus als dem Gesalbten die Ehre zu geben, sondern auch ihren Wunsch weckt, Jesus etwas Gutes zu tun.
- die galiläischen Frauen unter dem Kreuz, beim Begräbnis und im leeren Grabe Jesu (15,40 – 16,8), in denen Christenmenschen ihr Entsetzen und ihr Standhalten unter dem Kreuz, ihre Trauer um den getöteten Jesus und ihre Freude über seine Auferweckung entdecken können.[16]

3. Ein Predigt-Plan zum Markus-Jahr

Alle Lesejahre bieten die Möglichkeit, Jesus im Spiegel eines der drei synoptischen Evangelisten etwas genauer zu betrachten. Markus ist das kürzeste Evangelium. Es enthält keine Kindheits- und keine Weihnachtsgeschichte; es enthält keinen Erscheinungsbericht des Auferstandenen; es hat weder zu Aschermittwoch noch zu Pfingsten die neutestamentlichen Bezugstexte, auch nicht zu den Marienfesten. Deshalb kommen im Markusjahr vergleichsweise oft andere Evangelien zu Gehör. Besonders ausführlich sind die Johannes-Blöcke.

Umgekehrt ist von allen Evangelientexten der Prozentsatz, der durch die Perikopenordnung[17] erfasst wird, bei

Markus am größten. Zwar kann nicht der ganze Text geboten werden. (Sonst würden die Evangelienlesungen zu lang.) Es fehlen auch einige wichtige Markustexte. Zum Teil lässt sich das dadurch erklären, dass in anderen Lesejahren die synoptischen Parallelen geboten werden. In anderen Fällen ist eine Erklärung schwerer zu finden. Bedauerlich ist vor allem, dass die Heilung des besessenen Jungen Mk 9,14–29 nicht vorkommt: zum einen, weil die Jünger Jesu, wie es nur allzu oft die Erfahrung in der Geschichte und der Gegenwart ist, in der Perikope machtlos sind und das Kind dank der Hilfe Jesu dennoch nicht verloren ist; zum anderen und vor allem, weil mit dem Vater ein echtes Beispiel jenes zweifelnden Glaubens gegeben ist, der vielen so nahe steht (9,24: »Ich glaube, hilf meinem Unglauben!«); schließlich aber auch, weil Jesus, wenigstens indirekt, von seinem eigenen Gottesglauben als der spirituellen Quelle seiner Vollmacht sprechen dürfte (9,23: »Alles kann, wer glaubt«).

Folgt man den Markus-Perikopen im Auswahlplan der Sonntagsperikopen, lassen sich einige charakteristische Schritte auf dem Weg einer Begegnung mit Jesus abmessen, die dem dramatischen Duktus des Markusevangeliums folgen, wobei die Applikation je nach der gemeindlichen Situation zu erfolgen hätte.

Zu jedem Sonntagsevangelium werden im Folgenden zwei Kernsätze formuliert. Sie sind nicht als Leitsätze der Predigt, sondern als pointierte Zusammenfassung der Textaussage gedacht.

Immer ist auch ein Hinweis auf die alttestamentliche Lesung beigefügt, die nach der Perikopenordnung des Zweiten Vatikanischen Konzils meist auf das Evangelium des Tages abgestimmt ist.[18] Über die Zuordnung gibt es seit einiger Zeit eine kontroverse Debatte: Kommt das Alte Testament zu seinem Recht, wenn es immer nur als Entsprechung zum Evangelium herangezogen wird? Im Markusjahr werden die Probleme der Leseordnung besonders deutlich, zumal die

alttestamentlichen Lesungen immer wieder stark zerstückelt werden (stärker als im Matthäusjahr).
Die neutestamentlichen Lesungstexte werden nur gelegentlich berücksichtigt, weil sie meist unabhängig von der Evangelienperikope ausgewählt sind.
Der folgende Vorschlag berücksichtigt alle denkbaren Markustexte des Lesejahres B; Verschiebungen der Perikopenfolgen in den ersten Wochen des Jahreskreises können nicht berücksichtigt werden.

3.1 Advent: Sich auf die zweifache Ankunft des Menschensohnes vorbereiten

Die Menschensohn-Christologie des Markus macht deutlich, was im Christusbekenntnis angelegt ist. Jesus ist stark im Kommen. Seine erste Ankunft verweist auf die zweite, die zweite vollendet die erste. Der kommende Jesus ist der, dem die Menschen, ihr Heil und ihre Rettung, so wichtig sind, dass er ihnen ganz nahekommt, sich ihnen ausliefert, sich ihnen hingibt, um sie zu retten. Das Gericht ist nicht das bittere Ende, sondern ein notwendiger Durchgang zum Leben.
Nur am 1. und 2. Advent wird Markus gelesen: zuerst aus der synoptischen »Apokalypse« ein Bild der Endzeit, dann vom »Anfang« des Täufers vor dem Wirken Jesu. Beide Male mutiert das Evangelium nicht zur Drohbotschaft, sondern zeigt: das Leben ist so kostbar, dass Umkehr Not tut und gut tut.

1. Advent
Mk 13,24–37 [vgl. 33. Sonntag i.Jk.]
Kurzfassung: Mk 13,33–37

- Die Vollendung des Reiches Gottes ist eine neue Schöpfung – sonst könnte sie nicht vollendetes Heil bringen.

- Am Ende des Lebens steht die Begegnung mit Jesus; deshalb ist nicht Angst, sondern Vertrauen, aber auch Wachsamkeit angezeigt.

Die Kurzfassung lässt die apokalyptischen Urbilder vom Weltende fort und beraubt damit die Mahnung zur Wachsamkeit ihres Anlasses.

Die atl. Lesung (Jes 63,16b–17.19b; 64,3–7), leider ein zusammengestückeltes Flickwerk, lässt die Dramatik der Erlösung erahnen: dass Gott seinen gerechten Zorn überwinden muss, um in seiner Gerechtigkeit der Erlöser zu werden. Aus solchen Jesaja-Texten hat der Prophet Jesus gelebt.

2. Advent
Mk 1,1–8

- Johannes verkündet, dass Umkehr Not tut, weil niemand ohne Sünde ist.
- Johannes verkündet, dass Umkehr gut tut, weil sie die Augen für Jesus öffnet.

Die atl. Lesung (Jes 40,1–5.9–11), leider wieder zusammengestückelt, ist einer der großen Hoffnungstexte Israels, die auch den Christen zeigen: Die Erfüllung, die Jesus gebracht hat, ist eine neue Verheißung dessen, was Israels Propheten angekündigt haben: Am Ende steht der Trost durch Gott.

Am 3. Advent wird Joh 1,6–8.19–28 gelesen, am 4. Advent Lk 1,26–38 [s. Lesejahr C].
Weihnachten wird am Heiligen Abend Mt 1,1–25 [s. Lesejahr A], in der Heiligen Nacht Lk 2,1–14 [s. Lesejahr C], am Morgen Lk 2,15–20 [s. Lesejahr C], am Tage Joh 1,1–18 gelesen.
Am Fest der Heiligen Familie wird Lk 2,22–40 gelesen.
Neujahr wird Lk 2,16–21 [s. Lesejahr C], am 2. Weihnachtssonntag Joh 1,1–18 gelesen, an »Erscheinung des Herrn« Mt 2,1–12 [s. Lesejahr A].

3.2 Von der Taufe des Herrn bis zum 2. Fastensonntag: Das Geheimnis Jesu entdecken

Die Evangelienlesungen der ersten Sonntage des Jahreskreises verfolgen den Beginn des öffentlichen Wirkens Jesu. Der Bogen spannt sich von seiner programmatischen Verkündigung (1,14f) über die Berufung der ersten Jünger (1,16–20) bis zu seinen ersten Machttaten in Kapharnaum. Im Rahmen des Markusevangeliums geht es darum, mit diesen Episoden Jesus als den vollmächtigen Verkünder und Vermittler der Gottesherrschaft einzuführen. Eben diese Funktion können die Perikopen auch im Kirchenjahr haben. Von Markus her gesehen nimmt man sie am besten mit der Taufe des Herrn zusammen (1,9–11) und der Versuchung (1,12f) wie der Verklärung (9,2–9). Dadurch wird der christologische Rahmen deutlich, innerhalb dessen Jesu Wirken als Gottessohn steht.

Taufe des Herrn
Mk 1,7–11 (vgl. Mt 3,13–17 [A]; Lk 3,21 [C])

- Jesus steht unter dem geöffneten Himmel in einzigartiger Verbindung mit Gott: Ihm gilt die Liebe des Vaters (Ps 2,7); der Sohn ist bereit, den Weg des Gottesknechtes (Jes 42,1) zu gehen (vgl. Mk 9,2–10 [2. Fastensonntag]).
- Die vom Täufer gepriesene Stärke und Würde Jesu erweist sich nicht in heroischer Überlegenheit, sondern in seiner Sendung zur Rettung der Menschen.

Als atl. Lesung kann zwischen Jes 42,5a.1–4.6–7 und Jes 55,1–11 gewählt werden. Jes 42, das erste Lied vom Gottesknecht, liefert einen atl. Bezugstext zur Tauferzählung und porträtiert den Gottesknecht in einer Weise, die – nachträglich – als Vorbild Jesu erscheinen konnte (vgl. Mt 12,18–21). Jes 55 ist ein messianisches Hoffnungsbild, das von der verwandelnden Kraft des Wortes Gottes spricht und insofern den Horizont beschreibt, in dem die Täuferpredigt steht.

Am 2. Sonntag i.Jk. wird Joh 1,35–42 gelesen.

3. Sonntag i.Jk.
Mk 1,14–20 [vgl. 2. Fastensonntag]

- Jesus ist der bevollmächtigte Verkünder der ebenso unerhörten wie unüberbietbaren Frohen Botschaft, dass Gottes Herrschaft nahekommt (vgl. Mk 1,12–15 [1. Fastensonntag]).
- Die Nachfolge der Jünger ist Ausdruck ihrer Bereitschaft, sich vom Gottessohn für Gottes Herrschaft in Dienst nehmen zu lassen. Der Weg der Nachfolge ist schwer, aber er steht unter der Verheißung Jesu.

Die atl. Lesung (Jona 3,1–5.10) ist die stark gekürzte Version der prophetischen Sendung Jonas nach Ninive. Der Kürzung fällt die dramatische Prophetenbiographie zum Opfer: Es entsteht eine glatte Erfolgsgeschichte. Das passt weder gut zu Jona noch zu Jesus – auch wenn die Analogie zum Evangelium nicht übersehen werden soll: der Beginn einer Umkehrpredigt durch einen von Gott gesandten Propheten.

4. Sonntag i.Jk.
Mk 1,21–28

- Die Vollmacht Jesu ist die Voraussetzung seines Sieges über das Böse, von dem die Menschen befreit werden müssen, um leben zu können (vgl. Mk 3,20–35 [10. S.i.Jk.]).
- Die Dämonenaustreibung ist ein Akt der Befreiung; die Bedeutung des Exorzismus liegt nicht einfach auf der Hand; die Frage zu stellen, was das zu bedeuten habe, ist wichtig; sie kann nur mit dem Hinweis auf Gottes Herrschaftsantritt beantwortet werden (vgl. Mk 3,20–35 [10. S.i.Jk.]).

Die atl. Lesung (Dtn 18,15–20) zitiert die Verheißung eines Propheten wie Mose (Dtn 18,15.18), die im Christentum zur Identifikation Jesu wichtig geworden ist (Mk 9,7 parr.; Lk 24,25; Joh 1,21; 5,46; Apg 3,22; 7,37): Der Prophet verkündet Gottes Wort zur Ehre Gottes. Damit ist ein Bogen zur »Lehre« Jesu geschlagen, die aber in Mk 1,21–28 nicht ausgeführt, sondern versinnbildlicht wird.

5. Sonntag i.Jk.
Mk 1,29–39

- Das Gebet zu Gott ist die Kraftquelle Jesu (vgl. 6,30–34 [16. S.i.Jk.]).
- Dass Jesus sich suchenden Menschen entzieht ist nicht Ausdruck ihrer Missachtung, sondern Voraussetzung seiner umfassenderen Tätigkeit.

Die atl. Lesung (Ijob 7,1–4.6–7), einige der wenigen Beispiele aus der sperrigen und tiefen, irritierenden und inspirierenden Weisheitsliteratur, die der vielfach erfahrenen Vergeblichkeit menschlichen Mühens Sprache verleiht, eignet sich nicht als Kommentar oder Kontrast zum Evangelium (wie es der »Schott« mit der Auskunft lanciert, das Alte Testament habe auf die Frage nach dem Sinn des Lebens »noch keine genügende Antwort«), sondern steht aus eigenem Recht im Lektionar.

Die ntl. Lesung (1Kor 9,16–19.22–23), ähnlich gestückelt wie viele atl. Lesungen, kommt durch das Thema der apostolischen Evangeliumsverkündigung in die thematische Nähe der Evangelienperikope und kann zeigen, wie sehr der Apostel Paulus mit seiner Kreuzestheologie in der Nachfolge Jesu steht: nicht die eigene Stärke, sondern die eigene Schwäche zu suchen, nicht die eigene Macht, sondern den eigenen Dienst, nicht den Zwang und die Strenge, sondern die Freiheit des Glaubens und die Verheißung des Evangeliums.

6. Sonntag i.Jk.
Mk 1,40–45

- Das Mitleid Jesu ist das Grundmotiv seiner Heilung von Kranken (vgl. 6,30–34 [16. S.i.Jk.]).
- Reinheit als Zugehörigkeit zu Gott ist von der heilenden Begegnung mit Jesus her ganz neu zu verstehen: Wo Jesus auftritt, breitet sich nicht die Unreinheit epidemisch durch Ansteckung aus, sondern die Reinheit durch den Kontakt mit dem Gottessohn.

Die atl. Lesung (Lev 13,1–2.43ac.44ab.45–46), grausam zerstückelt, beleuchtet den kulturell-theologischen Hintergrund der atl. Aussätzigen-Gesetzgebung, lässt aber nicht erkennen, aus welchen hygienischen Gründen die Isolation verordnet worden ist und kann deshalb dazu verleiten, einen sachlich falschen und historisch ungerechten Gegensatz zwischen jüdischer Kasuistik aus dem Geist atl. Gesetzesstrenge und jesuanischer Freiheit aus dem Geist ntl. Liebe zu konstruieren.

Am Aschermittwoch wird Mt 6,1–6.16–18 [s. Lesejahr A] gelesen.

1. Fastensonntag
Mk 1,12–15 (vgl. 3. S.i.Jk.)

- Die Versuchung Jesu ist Ausdruck seines Mensch-Seins, sein Leben mit den wilden Tieren und der Dienst durch die Engel ein paradiesischer Vorschein des vollendeten Gottesreichs.

- Den Spielraum, den Jesus durch das Bestehen der Versuchung schafft, nutzt er für seinen Dienst an den Menschen in Israel (vgl. 1,14–20 [3. S.i.Jk.]).

Die atl. Lesung (Gen 9,8–15) stellt mit dem Noahbund, dessen Zeichen der Regenbogen ist, Gottes unverbrüchliche Treue zu seiner Schöpfung vor Augen. Dies ist großes und starkes Motiv atl. Theologie, das schon aus sich heraus grundlegende Bedeutung auch im christlichen Gottesdienst hat. Jesu Erlösungswerk setzt die lebendige Treue Gottes zu seiner Schöpfung voraus.

Die ntl. Lesung (1Petr 3,18–22) sieht die Rettung Noahs und seiner Familie aus der Arche als Vor-Zeichen der Taufe, die den Menschen reinigt, indem sie das Heil des Todes und der Auferstehung Jesu an ihm zur Auswirkung kommen lässt. Würde man Mk 1,9–11 (Taufe Jesu) einbeziehen, wäre der Bezug zum Evangelium noch enger.

2. Fastensonntag
Mk 9,2–10 (vgl. Mt 17,1–9 und Lk 9,28–36 [2. Fastensonntag A C]

- Die Verklärung Jesu ist das glanzvolle Glaubens-Zeichen seiner bleibenden Zugehörigkeit zu Gott (vgl. Mk 1,9–11 [Taufe des Herrn]).

- Das Hinabsteigen in die Menschen-Welt (bis zum Tod) ist die Kehrseite der Herrlichkeit Jesu.

Die atl. Lesung (Gen 22,1–2.9a.10–13.15–18), das Fragment eines der ganz großen und schweren Glaubenstexte Israels, ist über zwei Motive hintergründig mit der Verklärungserzählung verbunden: durch das Hinaufsteigen auf den »Berg« und, tiefer, durch eine angedeutete Isaak-Typologie, dass der geliebte Sohn sich »binden« lässt und von Gott »gelöst« wird. Zuerst aber ist die Abraham-Isaak-Geschichte ein großes Thema für sich.

Am 3.–5. Fastensonntag wird in Ausschnitten Joh 2–3 und 12 gelesen.

3.3 Vom Palmsonntag bis zur Osternacht: Das Pascha-Geheimnis feiern

Die Markuspassion ist die kürzeste der Evangelien. Sie verzichtet auf spektakuläre Ereignisse, wie Matthäus sie erzählt, auf psychologische Vertiefungen, wie Lukas sie vornimmt, und auf theologische Verdichtungen, wie sie sich bei Johannes finden. Die Konzentration auf das harte Geschick des leidenden Gerechten macht die Markuspassion nicht weniger eindrucksvoll.
Das Osterevangelium endet anstößig mit der Notiz vom erschrockenen Schweigen der Osterfrauen: eine Erinnerung, wie schwer der Glaube an die Auferstehung fällt, und wie grundstürzend neu er ist.

Palmsonntag, Feier des Einzugs Jesu in Jerusalem
Mk 11,1–10 (vgl. Mt 21,1–11 [A] und Lk 19,28–40 [C])

- Der zum Leiden bereite Jesus ist der Künder und Mittler des Reiches Gottes.
- Der Jubel der Jerusalemer Juden ist der Vorklang der endzeitlichen Freudengesänge im Reich Gottes.

Palmsonntag, Passionsgeschichte
Mk 14,1–15,47

- Der leidende und gekreuzigte Jesus ist der »für die Vielen« (d.h. für alle) Gestorbene (vgl. Mk 10,45 [29. S.i.Jk.]).

- Die Trauer um den getöteten Jesus, die Irritation des Kreuzes, das Dunkel des Grabes können nicht verdrängt, aber als Klage und Bitte vor Gott gestellt werden.

Die atl. Lesung (Jes 50,4–7) stammt aus dem Dritten Lied vom Gottesknecht, das weniger die stellvertretende Sühne denn die Ohnmacht, die Gewaltlosigkeit und das Gottvertrauen dessen plastisch werden lässt, der um seiner prophetischen Sendung willen leiden muss.

Die ntl. Lesung (Phil 2,6–11) ist eines der ältesten, zentralen, tiefgründigen Zeugnisse des christlichen Bekenntnisses zur Erniedrigung des präexistenten und Erhöhung des gekreuzigten Gottessohnes.

Gründonnerstag wird Joh 13,1–15, Karfreitag wird die Johannespassion gelesen.

Osternacht
Mk 16,1–7

- Die Auferweckung Jesu ist die endgültige Bejahung Jesu, seines gesamten Wirkens und Leidens durch Gott (vgl. Mk 8,31 [24. S.i.Jk.]; 9,31 [25. S.i.Jk.]). Das leere Grab ist das den Jerusalemer Frauen gegebene Zeichen für den Auferstehungsglauben.

- Das Vorangehen Jesu nach Galiläa (vgl. 14,28) stiftet eine neue Nachfolge-Gemeinschaft mit den schuldig gewordenen Jüngern (vgl. Mk 1,16–20 [3. S.i.Jk.]).

Die atl. Lesungen der Osternacht erschließen paradigmatisch den schöpfungstheologischen und heilsgeschichtlichen Kontext des Todes und der Auferweckung Jesu.

3.4 Vom 7. bis zum 11. Sonntag im Jahreskreis: Die Identität Jesu im Widerstreit der Meinungen erkennen

Die Perikopen verfolgen die Sammlung galiläischer Streitgespräche, die in der erzählerischen Dramatik des Markusevangeliums zweierlei klarstellen: erstens, dass Jesus sich mit seiner Macht für die Befreiung der Menschen einsetzt und zweitens, dass diese Aktionen den Widerspruch derjenigen auslösen, die es mit ihrem Gesetzesgehorsam ernstnehmen. Nicht Großzügigkeit und Herzenshärte stehen einander gegenüber, sondern unterschiedliche Ansichten vom Willen und Handeln Gottes.

7. Sonntag i.Jk.
Mk 2,1–12

- Die Vergebung der Sünden ist ein signifikanter Ausdruck des Heilsdienstes Jesu.
- Der Widerspruch der Schriftgelehrten entspringt ihrem (von Christen zu respektierendem) Eifer für Gottes Heiligkeit, dem freilich aus christlicher Sicht die Einsicht in die von Gott verliehene Vollmacht Jesu fehlt.

Die atl. Lesung (Jes 43,18f.21f.24b–25), arg zerstückelt, verbindet die Verheißung einer Neuschöpfung zur Erlösung mit einer harschen Kritik Israels – problematisch, wenn sie im Lichte des Evangeliums antijüdisch interpretiert wird, erhellend, wenn sie als Zeugnis einer Hoffnung wider alle Hoffnung interpretiert wird, die auch die Sünden der Kirche verwindet.

8. Sonntag i.Jk.
Mk 2,18–22

- Die Zeit Jesu ist freudenreiche Fest-Zeit, die von Gottes ganz neuer, unerwarteter und unüberbietbarer Heilsinitiative bestimmt ist.
- Das christliche Fasten ist Ausdruck der Trauer um die

Missachtung Jesu, besonders in den eigenen Reihen und bei der eigenen Person.

Die atl. Lesung (Hos 2,16b.17b.21–22), um »anstößige« Stellen bereinigt, ist wohl wegen des Brautmotivs zum Evangelium gestellt worden. Der Prophet verheißt einen Neuanfang Gottes jenseits der Schuld seines Volkes. Jesus bezieht sich auf Stellen wie Hos 2, wenn er, um seine Liebe zum Gottesvolk auszudrücken, sich als Bräutigam darstellt.

9. Sonntag i.Jk.
Mk 2,23–3,6
Kurzfassung: Mk 2,23–28

- Der Sabbat ist der Tag des Herrn, der nicht nur durch die Ruhe, sondern auch durch praktizierte Güte die Erfahrung der heilschaffenden Gegenwart Gottes vermittelt.
- Der Widerspruch der Gegner ist als Einsatz für die Heiligung des Tages Gottes zu würdigen; die Kritik Jesu zielt darauf, dass heilige Vorschriften das Lebens-Recht von Menschen unnötig einschränken können; Jesus zielt nicht auf die Abschaffung des Sabbats, sondern auf seine Neu-Definition im Sinne seiner Restitution.

Die Kurzfassung schneidet das Heilungswunder Jesu ab.

Die atl. Lesung (Dtn 5,12–15) zitiert aus den Zehn Geboten das Sabbatgebot in der Fassung, die seine soziale Ausrichtung erkennen lässt. An genau diese Linie knüpft Jesus mit seiner Sabbatpraxis an.

10. Sonntag i.Jk.
Mk 3,20–35

- Jesus kämpft gegen die Macht des Bösen (vgl. 1,21–28 [4.S .i.Jk.] und schafft durch seine Befreiungsaktionen Freiraum für eine neue Form der Gottesgemeinschaft.
- Der Widerspruch der Verwandten und der Gegner Jesu

reagiert auf das Ungewöhnliche und Unerklärliche an Jesus und spiegelt insofern seinen Anspruch, der jedes Schema sprengt.

Die atl. Lesung (Gen 3,9–15) ist einer der Basistexte der Bibel. Der Sündenfall führt zum Leben »jenseits von Eden« in Not und Leid, ist aber nicht ohne Hoffnung. Der engste Bezug zum Evangelium besteht in der Verheißung Jesu, den Menschen würden »alle Sünden« vergeben. Im Grunde steht aber die atl. Lesung auf eigenen Füßen.

11. Sonntag i.Jk.
Mk 4,26–34

- Die Gnadenmacht Gottes, die das Kleine ins Große verwandelt, ist das Grundgesetz der Gottesherrschaft.
- Die Gleichnisse begründen als Hoffnungs-Geschichten das Vertrauen auf Gott inmitten irritierender Kontrasterfahrungen.

Die atl. Lesung (Ez 17,22ff) zitiert den Bezugsvers des Senfkorngleichnisses Mk 4,30ff. Der große Baum ist ein Hoffnungsbild Israels: dass es die Fülle des Lebens erfahren kann, wenn Gott nur einen kleinen Zweig einpflanzt und wachsen lässt.

3.5 Vom 12. bis zum 23. Sonntag im Jahreskreis: Die verwandelnde Kraft der Gottesherrschaft spüren

Von einer großen johanneischen Einschaltung unterbrochen, stellt die Perikopenfolge in verschiedenen Szenen die Vollmacht Jesu vor Augen. Jesus hat die Macht Gottes, um gegen Krankheit und Tod, Unglaube und Unwissenheit, Irrtum und Chaos dem Heilswillen Gottes Geltung zu verschaffen. Die Macht Jesu ist sein Mitleid, die Liebe Jesu ist seine Kraft.

12. Sonntag i.Jk.
Mk 4,35–41

- Die Macht Jesu über Wind und Meer zeigt seine Teilhabe an Gottes Schöpfermacht über das Chaos.
- Die Jünger-Erfahrung der scheinbaren Abwesenheit und Unbekümmertheit Jesu um ihre Not spiegelt eine irritierende Glaubenserfahrung von Christen, die Markus durch die Erinnerung an die machtvolle Präsenz Jesu klären will.

Die atl. Lesung (Ijob 38,1–8–11) rühmt die Macht des Schöpfergottes, der die chaotische Macht des Meeres begrenzt, und erhellt so den symbolischen Hintergrund der Wundergeschichte.

13. Sonntag i.Jk.
Mk 5,21–43
Kurzfassung: Mk 5,21–24.35b–43

- Die Zuwendung Jesu zur blutflüssigen Frau ist ein Akt ihrer umfassenden, Leib und Seele, soziales und religiöses Leben verwandelnden Heilung.
- Die Erweckung der Tochter des Jaïrus ist das reale Symbol der endzeitlichen Totenauferstehung.

Die Kurzfassung kürzt die Heilung der blutflüssigen Frau und streicht damit eine der wichtigen Frauengeschichten der Jesus-Tradition.

Die atl. Lesung (Weish 1,13ff; 2,23f), die Kombination zweier Bruchstücke aus dem Weisheitsbuch, ist ein Loblied über Gott, den Herrn des Lebens. Damit kann vorbereitet werden, dass die Erweckung der Jaïrus-Tochter im Evangelium die Verheißung der endgültigen Totenauferstehung ist.

14. Sonntag i.Jk.
Mk 6,1b–6

- Die Erfolglosigkeit Jesu in Nazaret ist Konsequenz und Ausdruck seiner freiwillig gewählten und menschlich erlittenen Armut.

- Die Ablehnung Jesu durch seine Nachbarn ist eine natürliche Reaktion auf die Außerordentlichkeit seiner Sendung (vgl. Mk 3,20–35 [10. S.i.Jk.]); die Reaktion Jesu macht im Vorausblick auf seine Passion sichtbar, wie er Ablehnung ohne Gewalttätigkeit aushält und sie durch neue Zuwendung überwindet.

Die atl. Lesung (Ez 1,28b – 3,25) lässt erkennen, dass Jesus das typische Geschick eines Propheten erleidet – und dass es der Wille Gottes ist, seine Propheten nicht nur zu den Gutwilligen, Offenen, Gehorsamen, sondern gerade auch zu den Widerspenstigen zu schicken: die einzige Hoffnung für Juden und Christen.

15. Sonntag i.Jk.
Mk 6,7–13 (vgl. Mt 9,36 – 10,8 [11. S.i.Jk. A]; Lk 10,1–12.17–20 [14. S.i.Jk. C])

- Die Beauftragung der Zwölf dokumentiert das Interesse Jesu an einer möglichst breiten Bekanntmachung seines Evangeliums.
- Dass die Zwölf an Jesu Vollmacht teilhaben dürfen, verdanken sie der Macht und Güte Gottes, Menschen in der Nachfolge Jesu zu wirkmächtigen Boten der Gottesherrschaft werden zu lassen.

Die atl. Lesung (Am 7,12–15), die Selbstverteidigung des Amos gegen das Redeverbot im Heiligtum des Nordreichs Israel, rückt die Aussendung der Zwölf in die Nähe der Prophetenberufung, ist aber ein Text, der nicht nur als Referenztext des Evangeliums gewürdigt sein will, sondern als Schlaglicht auf ein typisch atl. Prophetenverständnis, das tiefe Spuren auch im NT hinterlassen hat und in das christliche Apostelverständnis hineingehört.

16. Sonntag i.Jk.
Mk 6,30–34

- In der Einsamkeit sucht der von Gott gesandte Mensch Jesus zusammen mit seinen Jüngern neue Gottes-Verbindung (vgl. 1,35–39 [5. S.i.Jk.]).

- Das Mitleid Jesu mit den verunsicherten, erfahrungshungrigen, lernwilligen Menschen in Israel ist der Antrieb seines Wirkens (vgl. 1,40–45 [6. S.i.Jk.]).

Die atl. Lesung (Jer 23,1–6) spielt das Hirten-Motiv ein: Gegen die schlechten Hirten in der politischen Spitze des Volkes Israels erweist sich Gott als der gute Hirte und mehr noch als der Vermittler überreichen Friedens durch die Sendung des königlichen Messias. Damit wird eine Wurzel sichtbar, aus welcher der Glaube Jesu und der Glaube an Jesus leben.

Vom 17. bis zum 21. Sonntag i.Jk. wird Joh 6 gelesen.

22. Sonntag i.Jk.
Mk 7,1–8.14f.21ff

- Die eschatologisch-neue Intensität der Zuwendung Gottes zu seinem Volk, die Jesus nicht zuletzt durch seine Machttaten verwirklicht, ermöglicht eine neue Definition der »Reinheit«, d.h. der Zugehörigkeit zu Gott, die nicht an der Erfüllung der Speisegebote, sondern an der inneren Einstellung hängt.

- Die Kritik an den Pharisäern und Schriftgelehrten darf nicht antijüdischen Zwischentönen Vorschub leisten; sie führt nicht zu Gesetzlosigkeit, sondern zu einer neuen, von Jesus definierten »Hierarchie der Wahrheiten«.

Die atl. Lesung (Dtn 4,1–2.6–8) ist ein – leider verstümmelter – großer Text israelitischer Gesetzesfreude. Er bildet nicht einen Gegensatz zum Evangeliums, sondern dessen Basis. Denn Jesus macht das Gesetz nicht schlecht, sondern bringt es auf neue Weise zur Geltung.

23. Sonntag i.Jk.
Mk 7,31–37

- Der körperliche Kontakt zeigt die Aufmerksamkeit Jesu für den Leib des Menschen und unterstreicht die Sinnfälligkeit der Heils-Vermittlung.

- Der Schlusschor spielt auf Gen 1,31 an; er besagt, dass Jesu Wunder die krank gewordene Schöpfung heilen und damit verheißen, dass im vollkommenen Gottesreich »alles gut« wird.

Die atl. Lesung (Jes 35,4–7a) zeigt paradigmatisch die Güte und Schöpferkraft Gottes in der Erfahrung und Verkündigung der Prophetie Israels.

3.6 Vom 24. bis zum 33. Sonntag im Jahreskreis: Die Chance des Glaubens ergreifen

In einer großen Perspektive wird im Schlussteil des Kirchenjahres anhand der Markusperikopen die Chance des Glaubens plastisch: Jesus in seiner wahren Geschichte und Bedeutung zu erkennen und genau daraus die Kraft für den Weg der Nachfolge zu schöpfen, um die Erfahrung der Gnade für sich selbst und andere zu machen.

24. Sonntag i.Jk.
Mk 8,27–35

- Jesus ist der Christus als der Leidende und Auferstandene, weil sein Sterben die schlechthin schrankenlose Intensität seiner Liebe zu den Sündern erweist und Gott seine Schöpferkraft für die Rettung seines Sohnes aus dem Tode aufwendet, so dass dieser Tod Heilsbedeutung erlangt (vgl. 9,30–37 [25. S.i.Jk.]).
- Der Anstoß am leidenden Messias ist nur zu menschlich; verstehen kann nur, wer sich auf den Weg der Kreuzesnachfolge macht.

Die atl. Lesung (Jes 50,5–9a) stammt aus dem Dritten Gottesknechtslied und führt in das Geheimnis des Leidens ein: dass Gottes Diener zwar von ungerechten Menschen verfolgt werden, dass aber Gott ihnen doch zum Recht verhilft.

25. Sonntag i.Jk.
Mk 9,30–37

- Der Menschensohn wird den Menschen ausgeliefert, weil sein Tod wider alle Hoffnung zu ihrem Heil geschehen soll.
- Der Wunsch der Jünger, der Größte zu sein, drückt eine tiefe menschliche Sehnsucht aus, die auch durch Religiosität und Christusglaube Befriedigung sucht (vgl. Mk 10,37 [29. S.i.Jk.]). Die vorbehaltlose Annahme eines Kindes (wie in geglückter Elternschaft) befreit vom Rechnen auf Gegenleistung und erhellt die Bereitschaft zum Dienen als Gewinn authentischer Identität (vgl. Mk 10,14ff [27. S.i.Jk.] und Mk 10,43 [29. S.i.Jk.]).

Die atl. Lesung (Weish 2,1a.12.17–20) verbindet verschiedene Spottreden gegen die Gerechten und öffnet damit eine Tür, den Tod Jesu zu verstehen – der aber nicht nur den Tod des leidenden Gerechten, sondern des vollmächtigen Menschensohnes, des gehorsamen Gottessohnes und des stellvertretend sühnenden Gottesknechtes stirbt.

26. Sonntag i.Jk.
Mk 9,38–43.45.47f

- Zugehörigkeit zu Jesus darf nicht den Blick für gute Taten außerhalb der Jüngerschaft verstellen.
- Der Ernst der Nachfolge ergibt sich aus der Leidenschaft Gottes für die Rettung der Schwachen.

Die atl. Lesung (Num 11,25–29) diskutiert einen ähnlichen Fall wie die Jünger Jesu: Der Geist Gottes weht, wo er will (Joh 3,8). Gerade die Verantwortlichen dürfen ihm keine Zügel anlegen, sondern müssen sein Wirken erkennen.

27. Sonntag i.Jk.
Mk 10,2–16

- Das Verbot der Ehescheidung versteht sich als Plädoyer

für die Gestaltung der ehelichen Lebensgemeinschaft nach der von Gott gewollten, Leben fördernden Schöpfungsordnung.

- Die Gottesherrschaft wie ein Kind, d.h. in unbefangener Dankbarkeit als Geschenk anzunehmen ist ein Wesensmerkmal des Glaubens (vgl. Mk 9,35ff [25. S.i.Jk.]).

Die atl. Lesung (Gen 2,18–24) erklärt die eheliche Gemeinschaft als Ausdruck der Schöpfungsordnung, die des Menschen Geschlechtlichkeit nicht negativ, sondern radikal positiv versteht. Dies ist die Basis des jesuanischen Plädoyers.

28. Sonntag i.Jk.
Mk 10,17–30

- Der Weg zum ewigen Leben führt über die Beachtung der Zehn Gebote zur vorbehaltlosen Gemeinschaft mit Jesus.
- Die Unmöglichkeit der Menschen, sich Gott ganz hinzugeben, wird von Gottes Allmacht aufgehoben, die allein die Erfüllung der Verheißung begründet.

Die atl. Lesung (Weish 7,7–11) ist eine Liebeserklärung an die Weisheit, die signifikant für atl.-jüdische Weisheitstheologie ist, aber in keinem engeren Zusammenhang mit dem Evangelium steht.

29. Sonntag i.Jk.
Mk 10,35–45
Kurzfassung Mk 10,42–45

- Von wechselseitigem Dienen bestimmt, kann die Gemeinde Jesu zu einem Ort erfahrener Freiheit und menschlicher Anerkennung werden.
- Der Tod Jesu lässt sich in seiner erlösenden Wirkung als Aufgipfelung des Lebens-Dienstes Jesu verstehen (vgl. 14,22–25 [Palmsonntag]; 8,31 [24. S.i.Jk.]).

Die Kurzfassung schneidet den Anlass des Gespräches weg, das Versagen der Zebedäus-Jünger.

Die atl. Lesung (Jes 53,10f) stammt aus dem Vierten Lied vom Gottesknecht (vgl. Karfreitag) und führt damit in das Geheimnis des Glaubens ein, dass dem Tode des Gottesknechtes und Menschensohnes Jesus rettende Kraft für die »Vielen«, d.h. für alle Menschen zukommt.

Die ntl. Lesung (Hebr 4,14ff) ist eine urchristliche Reflexion über die Heilsbedeutung des Todes Jesu, die sich das Staunen über die Unglaublichkeit des Geschehens bewahrt und zugleich in ganz einfachen Worten den Kern des Christusglaubens herausarbeitet: die himmlische Herkunft Jesu und seine radikale Anteilnahme am Lebensgeschick der Menschen.

30. Sonntag i.Jk.
Mk 10,46–52

- Als Davidssohn erfüllt Jesus Israels Hoffnung auf die rettende Gegenwart Gottes, indem er sich – stellvertretend für alle Notleidenden – des blinden Bartimäus erbarmt.
- Der Glaube des Bartimäus, den Jesus weckt, findet durch die Erfahrung der Heilung auf den Weg der Nachfolge, der jetzt unmittelbar nach Jerusalem, ins Leiden Jesu führt.

Die atl. Lesung (Jer 31,7ff) bringt einen der Verheißungstexte Israels, die verstehen lassen, weshalb die Wunder Jesu als messianische Zeichenhandlungen interpretiert werden konnten, und zugleich daran erinnern, dass die volle Erfüllung der Verheißung noch aussteht.

31. Sonntag i.Jk.
Mk 12,28–34

- Die Gottesliebe erweist sich für Markus in der von Herzen kommenden, mit dem Verstand reflektierten und nach Kräften praktizierten Bejahung der Reich-Gottes-Verkündigung Jesu.

- Die Nächstenliebe realisiert sich als Weitergabe der Liebe, die Gott durch Jesus den Menschen durch ihre Sünde hindurch schenkt.

Die atl. Lesung (Dtn 6,2–6) zitiert das Hauptgebot (»Höre, Israel, ...), das Jesus sich zu eigen macht und mit einem weiteren Schrift-Gebot, Lev 19,18 (»Liebe deinen Nächsten wie dich selbst«), kombiniert. Die Deuteronomiumperikope macht aber auch deutlich, welch positive Bedeutung dem Gesetz vom Sinai und dem Leben nach Gottes Geboten zukommt. Das ist die Basis für Jesu Doppelgebot.

32. Sonntag i.Jk.
Mk 12,38–44

- Die Warnung vor der Heuchelei der Schriftgelehrten ist dort angebracht, wo sie nicht zur Verdrängung, sondern zum Eingeständnis eigenen religiösen Hochmuts führt.
- Die arme Witwe ist deshalb ein Vorbild des Glaubens, weil sie – im Rahmen ihrer jüdischen Frömmigkeit – zum Ausdruck bringt, dass sie ihr ganzes Leben Gott verdankt.

Die atl. Lesung (1Kön 17,10–16) lässt den Gottesmann Elija seine prophetische Wunderkraft ausspielen, um der (nicht-jüdischen) Witwe zu helfen – das deutliche Zeichen der Option Gottes für die Armen. In dieser Linie steht auch Jesus.

33. Sonntag i.Jk.
Mk 13,24–32 [vgl. 1.Advent]

- Die Lebens-Zeit ist begrenzt; deshalb ist aber nicht hektische »Naherwartung«, sondern Konzentration auf das Wort Jesu angezeigt.
- Am Ende des Lebens steht die Begegnung mit dem Menschensohn Jesus; deshalb gibt es im Leben Grund zur Dankbarkeit dafür, wie sich dieser Menschensohn in seinem Wirken und Leiden geschichtlich gezeigt hat.

Die atl. Lesung (Dan 12,1–3) zitiert einen Referenztext von Mk 13. Er gehört zu den ältesten Zeugnissen des Alten Testaments für die Auferstehung von den Toten und deutet an, dass sie auf die Verwirklichung umfassender Gerechtigkeit zielt.

Am Christkönigssonntag wird Joh 18,33b–37 gelesen.

Zur Verklärung des Herrn (6. August) wird Mk 9,2–10 gelesen (s. 2. Fastensonntag).

[1] Zur kritischen Einführung vgl. *A. Vögtle,* Biblischer Osterglaube, hg. v. R. Hoppe. Mit einem Beitrag von E. Lohse, Neukirchen-Vluyn 1999.

[2] Vgl. *Th. Söding,* Das Matthäus-Evangelium. Anregungen zum Lesejahr A, Würzburg 2001, 14ff.

[3] Nähere Informationen verschaffen die »Einleitungen« in das Neue Testament, die im Anhang des Literaturverzeichnisses aufgeführt sind.

[4] Vgl. Päpstliche Bibelkommission, Die Interpretation der Bibel in der Kirche (Verlautbarungen des Apostolischen Stuhles), Bonn 1993.

[5] Popularisierend: *C.P. Thiede,* Die älteste Evangelienhandschrift? Das Markusfragment von Qumran und die Anfänge der schriftlichen Überlieferung des Neuen Testaments, Wuppertal [2]1990 ([1]1988).

[6] Ein großer Fürsprecher ist *M. Hengel,* Entstehungszeit und Situation des Markusevangeliums, in: H. Cancik (Hg.), Markus-Philologie. Historische, literargeschichtliche und stilistische Untersuchungen zum zweiten Evangelium (WUNT 33), Tübingen 1984, 1–45.

[7] Über die damit verbundenen historischen Probleme informiert *W. Bösen,* Der letzte Tag des Jesus von Nazaret. Was wirklich geschah, Freiburg – Basel – Wien 1994.

[8] Vgl. *R. Kampling,* Israel unter dem Anspruch des Messias. Studien zur Israelthematik im Markusevangelium (SBS 25), Stuttgart 1992, 203.

[9] Vgl. *E. Best,* Disciples and Discipleship in the Gospel according to Mark, Edinburgh 1986. Eine gute Problematisierung skizziert *M. Theobald,* Jesus und seine Jünger. Ein problematisches Gruppenbild, in: Tübinger Theologische Quartalsschrift 173 (1994) 219–226.

[10] Zur exegetisch-theologischen Erschließung vgl. *H. Merklein,* Jesu Botschaft von der Gottesherrschaft (SBS 111), Stuttgart [3]1989.

[11] Eine Infragestellung der modernen Wunderkritik und neue, überraschende Perspektiven auf Jesu Machttaten bei *K. Berger,* Darf man noch an Wunder glauben?, Heidelberg 1996.

[12] Eine allgemeinverständliche Einführung gibt *O. Knoch,* Wer Ohren hat, der höre. Die Botschaft der Gleichnisse Jesu. Ein Werkbuch zur Bibel, Stuttgart 1983/1991.

[13] Vgl. *K. Scholtissek,* »Er ist nicht ein Gott der Toten, sondern der Lebenden« (Mk 12,27). Grundzüge der markinischen Theologie, in: Th. Söding (Hg.), Der lebendige Gott. FS W. Thüsing (NTA 31), Münster 1996, 71–100.

[14] Vgl. *Th. Söding,* Mehr als ein Buch. Die Bibel begreifen, Freiburg – Basel – Wien [3]2001, 248–257. Zum psychologischen und historischen Hintergrund vgl. *P. Trummer,* Die blutende Frau. Wunderheilung im Neuen Testament, Freiburg – Basel – Wien 1991.

[15] Vgl. *K. Kertelge,* Das Doppelgebot der Liebe im Markusevangelium, in: Trierer Theologische Zeitschrift 103 (1994) 38–55.

[16] Vgl. *Th. Söding,* Lernen unter dem Kreuz – Neutestamentliche Lektionen. Zum markinischen Kreuzigungsbericht (Mk 15,20–41), in: H.

Maier (Hg.), Das Kreuz im Widerspruch. Der Kruzifix-Beschluß des Bundesverfassungsgerichts in der Kontroverse (QD 166), Freiburg – Basel – Wien 1996, 77–108.

[17] Vgl. *E. Nübold,* Entstehung und Bewertung der neuen Perikopenordnung des römischen Ritus für die Meßfeiern an Sonn- und Festtagen, Paderborn 1986.

[18] Zur kritischen Diskussion vgl. *A. Franz (Hg.),* Streit am Tisch des Wortes. Zur Bedeutung des Alten Testaments und seiner Verwendung in der Liturgie, St. Ottilien 1995; *G. Steins (Hg.),* Leseordnung. Altes und Neues Testament in der Liturgie (Gottes Volk. Sonderheft), Stuttgart 1997.

1,1 Überschrift

Anfang des Evangeliums Jesu Christi, des Sohnes Gottes

1,2–15 Einführung: Vom Täufer Johannes zum Gottessohn Jesus

1,2–8 Der Täufer Johannes

1,9–13 Taufe und Versuchung Jesu

1,14f Das Programmwort Jesu

Erfüllt ist die Zeit,
nahegekommen die Herrschaft Gottes.
Kehrt um
und glaubt an das Evangelium.

1,16–8,26 Erster Hauptteil – in Galiläa: Jesu vollmächtiges Wirken

1,16–6,6a Von der Berufung der ersten Jünger bis zur Verwerfung in Nazaret

Machttaten, Streitgespräche, Gleichnisse

6,6b–8,26 Von der Aussendung der Jünger bis zur Kritik ihres Unverständnisses

Machttaten, Streitgespräche, Jüngerbelehrungen

8,27–10,52 Zweiter Hauptteil – auf dem Weg nach Jerusalem: Leidensankündigung und Kreuzesnachfolge

Im Anschluss an das Petrus-Bekenntnis (8,27–30):

Du bist der Christus (8,29)

Drei Leidens- und Auferstehungsansagen (8,31; 9,31; 10,32ff)

Der Menschensohn wird den Menschen ausgeliefert (9,31).

und der Ruf in die Kreuzesnachfolge (8,34–38; 9,33–50; 10,35–45)

Wer mir nachfolgen will, verleugne sich selbst und nehme sein Kreuz auf sich (Mk 8,34).

11,1 – 16,8 Dritter Hauptteil – in Jerusalem: Letzte Konflikte, Passion und Auferstehung Jesu

11–12	Die letzten Auseinandersetzungen: Vom Einzug in Jerusalem über die Tempelaktion zu den letzten Streitgesprächen
13	Die eschatologische Mahnrede
14–15	Die Passion Jesu
16,1–8	Die Auferstehungsbotschaft im leeren Grab
	Ihr sucht Jesus von Nazareth, den Gekreuzigten. Er ist auferweckt worden. Er ist nicht hier. Seht den Platz, wo sie ihn hingelegt haben. Aber geht und sagt seinen Jüngern, vor allem Petrus: Er geht euch voraus nach Galiläa. Dort werdet ihr ihn sehen, wie er es gesagt hat (16,7).

Wissenschaftliche Kommentare zum Markusevangelium:

R. Pesch (HThKNT II), 2 Bde., Freiburg – Basel – Wien 2000 (1976.1977)
Detailreich, umfassend informierend, historisch interessiert, mit der umstrittenen These eines umfangreichen »vormarkinischen Passionsberichtes«, der ab dem Petrusbekenntnis größte Teile des Markusevangeliums vorgegeben haben soll.

J. Gnilka (EKK II), 2 Bde., Zürich – Neukirchen-Vluyn [2]1986 (1978.1979)
Führender deutschsprachiger Kommentar in den Bahnen der Redaktionskritik, verlässliche Informationsquelle, ausgewogene historische und theologische Urteile.

D. Lührmann (HNT 2), Tübingen 1987
Knappe, gedrängte Darstellung mit den wichtigsten historischen Informationen und zurückhaltender Interpretation.

Englischsprachig:

P.J. Achtemeier, Philadelphia 1965

C.E.B. Cranfield (CGTC); Cambridge [8]1983

J. Marcus (AncB), Bd. 1, Garden City 1999

R.A. Guelich (WBC 34a), Dallas 1989

R.H. Gundry, Mark, Grand Rapids 1993

Kommentare auf wissenschaftlicher Grundlage

W. Eckey, Das Markus-Evangelium. Orientierung am Weg Jesu, Neukirchen-Vluyn 1998
Gut informierte, didaktisch klug aufgearbeitete Darstellung des aktuellen Forschungsstandes.

J. Ernst (RNT), Regensburg 1981
Kompetente Einführung an der Grenze zum wissenschaftlichen Kommentar, verbunden mit kurzen Anregungen zur Predigt, informativ, ohne Einseitigkeiten, recht ausführlich.

K. Kertelge (NEB.NT 2), Würzburg 1994
Souveräner Überblick, der die wichtigsten Leitlinien des Markusevangeliums hervortreten lässt.

E. Schweizer (NTD 1), Göttingen [7]1989
Theologische Auslegung aus dem Geiste der dialektischen Theologie, aufgeschlossen für die existentiellen Fragen des Christseins.

Als Einführung in die Entstehung und Theologie des Markusevangeliums

Th. Söding (Hg.), Der Evangelist als Theologe. Studien zum Markusevangelium (Stuttgarter Bibel-Studien 163), Stuttgart 1995

Als meditative Erschließung

C. Martini, Und sie gingen mit ihm. Der Weg des Christen nach dem Markusevangelium, Freiburg – Basel – Wien 1983

Für eine synoptische Lektüre des Matthäusevangeliums hilfreich

H. Merklein, Die Jesusgeschichte – synoptisch gelesen (SBS 156), Stuttgart 1994

Arbeiten zur Christologie und Theologie des Markus

J. Gnilka, Theologie des Neuen Testaments (HThKNT.S 5), Freiburg – Basel – Wien 1994, 151–174
R. Schnackenburg, Die Person Jesu Christi im Spiegel der vier Evangelien (HThKNT.S 6), Freiburg – Basel – Wien 1993, 28–98
G. Strecker, Theologie des Neuen Testaments, hg. v. F.W. Horn, Berlin 1996, 361–384
P. Stuhlmacher, Biblische Theologie des Neuen Testaments II, Göttingen 1999, 150–174
A. Weiser, Theologie des Neuen Testaments II, Stuttgart 1993, 130–150

Forschungsgeschichte

P. Pokorny, Das Markus-Evangelium. Literarische und theologische Einleitung mit Forschungsbericht: Aufstieg und Niedergang der Römischen Welt 25/3 (1984) 169–2035
R. Pesch (Hg.), Das Markusevangelium (WdF), Darmstadt 1979

Bibliographie

F. Neirynck, The Gospel of Mark. A Cumulative Bibliographie 1950–1990 (BEThL 102), Leuven 1992

Wichtige Sekundärliteratur zum Markusevangelium

C. Breytenbach, Nachfolge und Zukunftserwartung nach dem Markusevangelium (AThANT 71), Zürich 1984
D. Dormeyer, Das Markusevangelium als Idealbiographie von Jesus Christus, dem Nazarener (SBS 43), Stuttgart 1999
P. Dschulnigg, Sprache. Redaktion und Intention des Markusevangeliums (SBB 11), Stuttgart ²1986
J. Ernst, Markus. Ein theologisches Portrait, Düsseldorf 1987
F. Fendler, Studien zum Markusevangelium, Göttingen 1991
F. Hahn (Hg.), Der Erzähler des Evangeliums. Methodische Neuansätze in der Markusforschung (SBS 118/119), Stuttgart 1985
M. Hengel. Studies in the Gospel of Mark, London 1985
R, Kampling, Israel unter dem Anspruch des Messias. Studien zur Israelthematik im Markusevangelium (SBS 25), Stuttgart 1992
K. Kertelge, Die Wunder Jesu im Markusevangelium (StANT 23), München 1970
P.-G. Klumbies, Der Mythos bei Markus (BZNW 108), Berlin 2001
P. Müller, »Wer ist dieser?« Jesus im Markusevangelium (BThSt 27), Neukirchen-Vluyn 1995
L. Schenke, Das Markusevangelium (UB 405), Stuttgart 1988
K. Scholtissek, Die Vollmacht Jesu (NTA 25), Münster 1992
H. Räisänen, The Messianic Secret in Mark's Gospel, Edinburgh 1990
Th. Söding, Glaube bei Markus (SBB 12), Stuttgart ²1987 (¹1985)

Einleitungen in das Neue Testament

I. Broer, Einleitung in das Neue Testament, Bd. 1 (NEB.NT.E 2/1), Würzburg 1998
W.G. Kümmel, Einleitung in das Neue Testament, Heidelberg ²¹1983 (¹²1963)
E. Lohse, Die Entstehung des Neuen Testaments (ThW 4), Stuttgart u.a. ⁷2002 (¹1972)

K.W. Niebuhr (Hg.), Grundinformation Neues Testament. Eine bibelkundlich-theologische Einführung (UTB 2108), Göttingen 2000

U. Schnelle, Einleitung in das Neue Testament (UTB 1830), Göttingen [3]1999 ([1]1994)

Ph. Vielhauer, Geschichte der urchristlichen Literatur. Einleitung in das Neue Testament, die Apokryphen und die Apostolischen Väter, Berlin – New York 1975 (mehrere Nachdrucke)

(A. Wikenhauser –) J. Schmid, Einleitung in das Neue Testament, Freiburg – Basel – Wien [6]1973

Einführend zur Jesusforschung

J. Roloff, Jesus, München 2000

Allgemeinverständlich zu grundlegenden Themen Biblischer Theologie

Thomas Söding, Mehr als ein Buch. Die Bibel begreifen, Freiburg – Basel – Wien [3]2001

Schriftstellen (Markusevangelium)

Sonntagsperikopen

Sachregister